陶西平教育漫笔选集②

在反思中创新

TAO XIPING JIAOYU MANBI XUANJI ②
ZAI FANSI ZHONG CHUANGXIN

陶西平／著

教育科学出版社
·北京·

出 版 人　所广一
责任编辑　刘　灿　欧阳国焰
版式设计　红十月工作室　孙欢欢
责任校对　贾静芳
责任印制　曲凤玲

图书在版编目(CIP)数据

在反思中创新／陶西平著. —北京:教育科学出
版社,2012.11(2013.3 重印)
　(陶西平教育漫笔选集;2)
　ISBN 978 - 7 - 5041 - 7054 - 5

Ⅰ.①在… Ⅱ.①陶… Ⅲ.①教育—文集 Ⅳ.
①G4 - 53
　中国版本图书馆 CIP 数据核字(2012)第 245262 号

陶西平教育漫笔选集②

在反思中创新

ZAI FANSI ZHONG CHUANGXIN

出版发行	**教育科学出版社**		
社　　址	北京·朝阳区安慧北里安园甲9号	市场部电话	010 - 64989009
邮　　编	100101	编辑部电话	010 - 64989527
传　　真	010 - 64891796	网　　址	http://www.esph.com.cn
经　　销	各地新华书店		
制　　作	北京大有图文信息有限公司		
印　　刷	保定市中画美凯印刷有限公司	版　　次	2012 年 11 月第 1 版
开　　本	160 毫米×239 毫米　16 开	印　　次	2013 年 3 月第 3 次印刷
印　　张	13.75	印　　数	3 601— 8 600 册
字　　数	190 千	定　　价	30.00 元

如有印装质量问题,请到所购图书销售部门联系调换。

自 序

在我书房里，面对书桌的墙壁上，挂着赵朴初先生写的一幅字。除了署名和年月日以外，其实他只写了一个字："悟"。但这一个"悟"字，却成为我时时追求而又永远无法达到的境界。我想来想去，"悟"应该就是一个从反思到创新的过程。

社会转型期的教育转型是一个充满生机、充满困惑、充满骄人的业绩又充满恼人的失误的过程。生活在这一时期的教育工作者，面对的是多重困难、多种主张，频传的喜报，也时常有告急的文书。而这给我们提供了广阔的思索空间和无垠的实践园地，中国的教育工作者正行进在从反思到创新的"悟"的道路上。

人们常说，教育的公平、质量和活力是当今社会对教育关注的三大热点，每个热点都有争论，争论双方都有不同的理论与实践支撑。而这正在改变着一花独放的冷清局面，孕育着百花齐放的春天的到来。千校一面、千人一面的同质化教育正在被"大家不同，大家都好"的新的气象所取代，教育管理也正由善于管理"相同"，向着善于管理"不同"转变，这种"不同"之间的交流、交锋和交融，为教育事业的发展带来了蓬勃生气与无限活力。这是一种极为可喜而又可贵的探索。当然，在这种探索的过程中，也需要不断地进行反思，反思不是为了怀旧，而是为了创新。在对历史的反思中汲取营养，在对现实的反思中汲取智慧，从而使我们的创新能够更为理性，能够有着更为坚实的步伐。

在计划经济体制向市场经济体制转变的过程中，伴随着不同利益格局的形成和不同社会角色的产生，在一些领域，社会矛盾出现了加剧的动向。教育的公平，提供了每个人公平发展的机会，提供了社会阶层之间流动的重要途径，从而也就成为缓解社会矛盾的润滑剂，成为和谐社会的基石。但由于历史形成的教育现状并不能真正体现教育公平，推进基础教育的均衡发展就成为当前教育事业改革与发展的关键问题。从中央到地方，从政府到民间，为此做出了不懈的努力。但是，在推进均衡发展的过程中，遇到了一系列理论和实践问题需要回答，这些问题引起了教育界的广泛关注并产生了激烈的争论。这些争论促使我们反思，而正是在反思过程中孕育着教育的创新。

全面建设小康社会的宏伟目标，鼓舞着亿万人民为中华民族的和平崛起而奋斗。它迫切要求教育加快推动人口负担向人力资源、人力资本转化。过去的教育体制已经难以适应这种需求，从而影响着高素质劳动者、高水平专门人才的培养，影响着拔尖创新人才的涌现。于是，各种教育变革的主张都活跃起来。否定传统教育的弊端，树立现代教育的观念，并以此全面推进素质教育和课程改革，就成为时代的潮流。但是，在推进素质教育与课程改革的过程中，也遇到了一系列理论和实践问题需要回答，这些问题也引起了教育界的广泛关注和激烈争论。这些争论促使我们反思，而正是在反思过程中孕育着教育的创新。

教育改革是一股世界性的潮流，从上个世纪后半期起，世界各国几乎都启动了自己国家的教育改革。由于经济全球化的带动，各国的教育都具有不同程度的开放性，国家之间不断地加强着教育信息的、人员的以及其他资源的交流，这种相互交流为各国教育思想、教育体制、教育内容、教育方式的改革提供了可贵的借鉴。我国的教育改革包括课程改革，在不少方面吸取了发达国家的教育理念与经验，从而拓展了视野，深化了认识，加快了改革的步伐。但是，在推进教育国际化的进程中，也同样遇到许多理论与实践问题需要回答，这些问题同样引起了教育界的广泛关注和激烈争论。这些争论同样促使我们反思，而正是在反思过程中孕育着教育的创新。

……

因为如此，教育需要在反思中创新。

千百万教育工作者正在为中国的教育发展面临的问题进行着探索，而这种探索正是在为构建具有中国特色的社会主义教育体系添砖加瓦。这就是我们教育工作者面临的态势。虽然有时也会使我们感到忧虑，但更多的是使我们感到肩头的责任。

这些年来，在参与教育改革与发展的进程中，对一些问题我零零碎碎地发表了一些看法，这些漫笔多数都已在各种报刊上刊载。现在选取一部分编成两个集子，也是作为一种反思，希望能为今后大家的教育创新提供一些参考。

编辑过程中，得到了沙培宁、贾伟等同志的热情帮助，在此谨致以由衷的谢意。

2012 年 3 月 12 日于北京

目 录 Contents

第一辑 在反思中创新

第二辑 复兴始于教师

第三辑 不宜一切从简

第四辑　改变教育行为

第五辑　为了真正的教育公平

第六辑   不用教科书的小学

第一辑

在反思中创新

对传统教育习惯的反思是极具现代意义的创意。教师通过审视自己的教育习惯，寻找改革的切入点，又通过对自己教育习惯的理性思考，促进自身教育观念的转变，再在这一基础上建立新的习惯，实现教育的创新。在这一过程中，所有的教师都成为教育改革的主动参与者，所有的创新又都有着极其鲜明的针对性，并真正冲击着传统教育理念堤坝的一砖一石。

教育创新，无论是观念层面、制度层面，还是方法层面，归根结底是要实实在在地使教育事业的发展得到实惠。

让孩子们在快乐中成长

今年 5 月，出版了一本题为《我平庸我快乐》的书。一位家长针对当前教育给孩子身心带来的重压，在书中发出了"宁要快乐的傻子，不要忧郁的天才"的呼声。另一些同志则在媒体上发表了不同的看法。由此引发了一场关于教育问题的争论。

其实，这是长期以来摆在学校和家长面前的两难选择。

为了不使学生"平庸"，就要引导甚至强制学生树立"远大"的目标，接受沉重的课业负担，承受来自各方面的心理压力。孩子们勤攀书山，苦渡学海，为了圆一个自己的，有时甚至不是自己的而是老师的、家长的梦，结果不少学生在这场竞争的途中，丧失了乐观和自信，厌倦了拼搏和追求，身心受到严重伤害。

于是就出现了被有些人称为"另类"教育的倡导者，他们痛恨前面所说的那种违反人性的教育，主张在教育过程中充分体现人性的解放。还纯真于儿童，还欢乐于儿童。他们并不切望孩子有多高的追求，更不赞成用这种追求来折磨人的天性。但是，由此产生的教育导向上的自流，常常使孩子难以应对环境中的不良影响，而教育过程中的放任，则又往往使孩子难以获得成功的喜悦。结果想使孩子快乐而终不可得。

快乐教育的提出正是跳出这两难选择的一种探索。它追求的是儿童愉快而又健康的成长，是生动、活泼、主动地得到身心的全面发展，为学生在充满愉悦体验的过程中奠定成才的坚实基础。

这当然是一种艰难的探索，甚至有人称快乐教育是教育的乌托邦。

可喜的是近些年来，全国有许多教育工作者为了这种探索付出了巨大的努力。北京一师附小构建快乐教育体系的实验就为这种探索的历史，写下了浓重的一笔。

这项实验是全方位的，试图从多元角度寻求实施快乐教育的途径，找出实施快乐教育的规律。应当说，经过十几年的实践，在许多方面都取得了令人鼓舞的进展，给我们很多启示。其中有些给我留下深刻的印象。

要重视教育过程的愉悦。这是对中国传统教育理念的挑战。过去许多教师和家长都以结果的愉悦作为教育的最高追求。所谓"严师出高徒"、"棒打出孝子"都已成为公认的真理。于是，教师和父母常把自己所做的一切，甚至包括对学生身心所施加的几近残酷的压力，都归结为"为了孩子好"这种善良的愿望。而快乐教育的探索者则不然，他们高度重视教育的过程，特别是教育过程中学生的心理体验。他们认为使学生始终保持乐观向上的心态，才能形成持续发展的心理动因，才能使学生通过过程的积淀最终形成良好的基础素质。实践证明，快乐教育所主张的动机、过程与效果的统一，是符合客观规律的。

要重视教育环境的和谐。快乐教育认为，儿童在教育过程中愉悦的心境来自教育环境的和谐。优美的校园环境，和蔼可亲的师长，互助友爱的同学关系，生动活泼的课堂教学，丰富多彩的课外活动……这一切都会形成学生成长过程中的良性互动。因此，和谐环境的建设是学校至关重要的任务。而传统教育则把树立教师的权威地位，培养学生唯上、唯书作为实现教育任务的前提。实践证明，快乐教育所阐明的教育过程中客观与主观的辩证关系，是符合客观规律的。

要重视教育合力的形成。快乐教育认为创造和谐的教育环境需要教育者形成合力。在校内，教职员工要形成合力，教书育人，服务育人，管理育人。在校外，学校、家庭、社会要形成合力，特别要在转变教育观念方面形成共识，破除陈旧的人才观与教育观，共同为孩子的成长创造和谐的环境。因此，快乐教育变封闭式教育为开放式教育，致力于多元关系的协调发展。实践证明，快乐教育所主张的，在教育过程中紧紧把握各相关因素矛盾运动的进程，是符合客观规律的。

要重视教师自身的发展。快乐教育认为，教育合力的形成，枢纽是学校，关键在教师。教师要不囿于传道、授业、解惑的传统职能。善于协调快乐教育的相关资源，善于把握快乐教育的进程，就必须不断提高自身的全面基础素质、职业道德水平和教育教学能力。教师的全面发展是学生全面发展的无言的表率，教师的教育观念决定着快乐教育的科学性和真实性。学校应当把为教师的发展创造条件放在学校工作重中之重的地位，使每位教师都能把工作、学习和科研紧密地结合起来，把日常教学工作和教育创新紧密结合起来。实践证明，快乐教育所主张的教师的发展和学生的发展的统一，是符合客观规律的。

当然，快乐教育理论与实践的研究成果远不止以上几点。它是一个富矿，已经给我们提供了许多财富，还有更多的宝藏等待我们去开掘。

（写于 2002 年 10 月 4 日，收入《一路走来——陶西平教育漫笔》）

从"教育券"想到的

浙江省长兴县从 2001 年 9 月开始进行发放"教育券"的尝试，很快引起了社会各界的广泛关注。特别是部分教育界和经济界人士，对这一新鲜事物产生了浓厚的兴趣，有的经济学家称之为"长兴的教育革命"。

"教育券"的概念，最早是上个世纪 60 年代由美国经济学家、诺贝尔经济学奖获得者米尔顿·弗里德曼（Milton Friedman）提出的。他主张将政府的教育经费，以"教育券"的形式分发到学生家长手中。家长和学生可以选择学校，然后把"教育券"交给所选的学校冲抵全部或者部分学费，学校用所收的教育券向政府兑换货币用来办学。

这种主张直到 20 世纪 90 年代初，才在美国威斯康星州的一个城市变成现实。到现在，这种"教育券"制度不仅在美国部分州实行，而且在哥伦比亚、智利、孟加拉、莱索托等许多国家以及我国的台湾地区都以不同形式存在着，足见其是有一定生命力的。

我想，"教育券"的生命力大概来自它试图以这种形式回答教育面临的一大难题，那就是如何兼顾教育的公平、优质、选择和活力。"教育券"的发放，无疑有助于通过均等地享受公共教育经费推进教育的公平，通过允许择校来满足家长和学生自主选择的愿望。为了争取更多的家长送子女进入本校学习，学校之间无论是公立还是私立都会充满竞争的活力，从而促进办学水平和教育质量的提高。

当然，这只是一种理想。"教育券"是政府采取的行政措施，要想达到预期的目的，政府至少应当创造三个必要条件：一是政府举办的同级同类学校，特别是义务教育阶段的学校办学条件要大体相当；二是向受教育者提供相等的教育经费，其数额应当使正常规模下的学校能够良好运行；三是有比较合理的选择学校的办法。

第一条是学校发展与竞争的公平基础。由于历史形成的办学条件的差距，有可能从一开始就陷入好学校"供不应求"的局面，极易形成学生择校过程中的马太效应。第二条是学校发展与竞争的物质基础。由于有些国家和地区，财政无法保证学校运行的最低投入。极有可能由于"教育券"的低值，更增加了学校的困难。第三条是学校发展与竞争的规则基础。由于公办学校的原有基础差别很大，分布不均衡，在好学校"供不应求"的情况下，地域因素、权力因素以及其他非正常因素可能会在择校过程中起主导作用。因为许多国家都是在办学格局已经形成的情况下进行这项探索的，具备这些条件是很难做到的事。但不管怎样，"教育券"无疑都是一种很好的思路。

目前，长兴县所实行的三种"教育券"，其实都还不是上述意义上的"教育券"。但它更贴近中国的实际，有着很强的引导性和针对性。

比如，发给进入民办学校的接受义务教育学生的"教育券"，每张面值500元。这实际上是对办得好的民办学校的扶持与奖励。民办学校办得好，愿意选择的人就多。学校拿到可以用来换取政府经费支付的"教育券"也就多。而当地公办义务教育阶段学校的生均经费是1200元，去民办学校就读的学生多了，就大大地节约了公共教育经费，可以用来把公办学校办得更好。

又比如，发给接受职业教育学生的"教育券"，每张面值300元。这实际上是对发展职业教育的有力引导，鼓励学生特别是那些没有升入普通高中的学生进入职业学校继续学习，从而推动高中阶段教育的普及。仅就实行这项办法以后，职业学校招生规模翻了一番的事实，就可以看到它的激励作用。

再比如，发给贫困学生的"教育券"，小学每张 200 元，初中每张 300 元。这是助学解困很好的创意，既可以帮助贫困学生就读，又给他们和别人相同的选择学校的权利，还免去了单独举办面向贫困学生的学校的种种困难。

我常听一些校长抱怨，每年都说教育经费实现了三个增长，但是学校却感觉不到这种增长。也有一些校长说，答应了要给学校增加投入，却总是只许愿不还愿。凡此种种，大概与经费层层下达的环节多和投入带有不同程度的随意性有关。而在长兴县，把扶持、引导与解困的意图，通过"教育券"的形式固化以后，就体现了一种形式，一种信用，一种看得见、摸得着的价值，一种不受中间环节干扰的凭证。

教育创新，无论是观念层面、制度层面，还是方法层面，归根结底是要实实在在地使教育事业的发展得到实惠。我想，这才是"教育券"制度和长兴经验给我们的最为宝贵的启示。

(原载《北京教育（普教版）》2003 年第 6 期)

办学体制多元化的成功探索

最近，很高兴参加了北京十一学校新一轮校长承办学校协议的签字仪式。

十一学校进行的成功的改革探索，引起了各级领导、社会各界的广泛关注，产生了深远的影响。这是一项基础教育发展方式多元化的改革探索，是一项公办学校体制和运行机制的改革探索，更是一项推动教育优质均衡发展的改革探索。

在上个世纪 90 年代初，面对公办学校经费不同程度需要自筹的情况，北京十一学校提出了由校长承办学校，经费全部自筹的改革实验，并确立了"国家所有，校长承办，办学自主，经费自筹"的十六字改革方针。8 年前，签订了第一个承办协议，成为北京市也是我国最早进行公办学校办学体制和运行机制改革实验的学校。

十一学校所进行的改革历时十余年，虽几经波折而不衰，取得了国有资产增值和教育教学成绩显著的双重效益，并使得它所在的海淀区得以将节省下来的经费，用于办好其他公办学校。这项改革不断拓展，不断深化，始终涌动着不竭的活力。实践证明，少数公办学校进行这种改革实验，在理论与实践上为我国的教育改革积累了宝贵的财富，提供了可贵的借鉴。

办学体制的多元化是所有国家办大教育，特别是建设全民学习和终身学习的学习型社会的必由之路。历史的教训和国外的经验告诉我们，在办学体制上，既不能"破私立公"，把私立学校全变成公立，也不能"化公为私"，把公立学校全变成私立。同样，在办学形式上，也不能"非公即私"或者"非私即公"。从我国国情出发，应当进行公办教育与民办教育的多种形式的合作。近年来美国公私合作办学也已从传统的交通、维修、提供午餐、数据处理等领域扩展到基础设施和制定教学大纲方面。据美国联邦教育部统计，在过去十年中，全美有超过 51% 的学区进入了公私合作办学体系。

多元化的目的最终在于最大限度地增加教育投入，最大限度地提高公办教育经费的使用效益，并且在教育领域引入竞争机制和选择机制，从而推动教育的优质发展和均衡发展。

十一学校的改革，后来被称作"国有民办"。说实话，我对这种提法，始终有一点保留。因为校长是由教育行政部门委派的，校长承办是由教育行政部门授权的，虽然学校的运行机制发生了变化，但办学主体还很难称得上是真正意义上的"民"。

新一轮的协议签字，体现了新的探索。承办学校的李金初同志是一位已经退休的教育专家。他以自然人身份与教育行政部门协商了承办协议的条款，并作为平等的主体，与海滨区教委主任签订了承办协议。这是一次历史性的突破，它实现了向真正意义上的"国有民办"的跨越。

我着实佩服海淀区领导同志进行改革探索的远见、勇气和魄力。

当然，在我们面前还有许多问题需要进一步研究。如国有民办体制下的产权关系问题、办学自主权问题、政府对学校的管理与督导问题，以及推进办学体制多元化的策略问题等。中国的教育改革之路还很长，无论是在观念上还是在体制上都还存在诸多障碍，需要有权之士、有志之士、有识之士和有勇之士的共同奋斗。我祝愿十一学校以及其他进行改革实验的学校，在继续进行的探索中，不断取得新的进展，不断创造新的辉煌。

(原载《北京教育（普教版)》2003 年第 10 期)

在反思中创新

北京市一些进行以"尊重"为主题的教育研究实验的学校，最近在教师中倡导了对自身教育习惯的反思。我看到了部分教师反思的成果和体会，很受启发。

有一位教师反思：过去学生进办公室要在门前喊"报告"，待教师允许后，方可进入。后来他发现，低年级学生有时喊了半天，室内没有人理，于是推门而入，结果遭到老师的训斥：不懂礼貌。高年级的学生，由于年龄较大，自我意识相对较强，喊"报告"已经羞于启齿，因此尽可能不找老师。他反思，办公室的"门"成了教师和学生之间的一道障碍，师生之间的正常交流被进门的方式挡住了。于是，他决定除了军训期间，其他时间学生要进办公室一律改"报告"为敲门。一段时间以后，来办公室找老师的学生多了，师生关系亲密了。他感到，简单而又常规的敲门，使学生感到了平等，受到了尊重，使师生之间的交流更为通畅。

有一位教师反思：过去老师和学生谈话，主要是老师说，学生听。学生的每一个观点都会遭到老师的评价。谈话成了老师以自身观念衡量、塑造学生的工具。如果有的学生试图争辩，老师会以深明大义的规劝和环环相扣的分析做武器各个击破。结果学生知道，怎么说也是自己没理，也就不再愿意和老师说心里话。他反思，教师是用自身的地位和优势，使学生胆怯，出于自我保护，学生就会封闭自我，顺应老师。学生顺从的态度可以使教师陶醉，但教师失去的却是一颗真诚的心。于是，他尝试着在谈话时把说话的权利还给学生，自己学会倾听。经过一段时间的努力，学生看到自己的思想正在被老师所接纳，并真实地感受到自己的存在与价值，师生之间开始了平等的交流。他说，我把说话的权利还给了学生，换来了学生自尊意识的内化，换来了彼此之间的尊重。

还有一位教师反思：过去认为师恩似海，因此，学生永远应当感谢老师，学生对老师的尊重是天经地义的。初当教师，为了让学生听话，总以居高临下的姿态和命令式的语气对待学生，结果造成学生与老师的隔阂，以及学生对老师的恐惧和敷衍。他反思，学生在人格上是独立的、与教师平等的个体，学生同样应当受到教师的尊重。于是，他对过去一些看起来学生理所应当做的事情，发自内心地表示感谢。比如，感谢科代表帮助老师发本，感谢值日生把黑板擦得那么干净，感谢学生高质量地完成了作业，感谢学生能够承认并改正自己的错误，等等。总之，感谢学生的一切努力。开始，师生都还有些不适应，但后来他得到了学生的更多的尊重，也换来了学生的更多的自尊。他说，学生从我的真诚的感谢中，感受到对自身价值的认同。一个人真正认识到自身存在的意义，就会学会自尊，能自尊的人就能去尊重别人。

还有许多感人的反思，使我们受到深刻的启迪。

传统的教育理念，是通过传统的教育模式体现的。多年以来，教师在传统的教育实践中，形成了自己的教育习惯，这些习惯有相当一部分是受传统的教育理念支配的，它传承着并固化着传统教育。

我们正在进行的以课程改革为重点的教育改革，首先是一场教育理念的深刻变革。所以，在进行课程改革实验的地区，都把教师培训的重点放在推进教师观念的转变上，试图通过教师观念的转变，带动教学活动的创新，这无疑是一条正确的途径。但，许多地区又都出现一种现象：经过培训之后的一段时间里，教师的教学活动充满着生气和新意，但时隔不久，教师就又恢复了过去的教学常态。有些同志把这种现象戏称为"回潮"。我想，"回潮"的重要原因在于传统教育理念支撑的教育习惯是十分顽固的，如果旧的习惯不改，新的理念也就很难在教师的心目中生根发芽。

所以，对传统教育习惯的反思是极具现代意义的创意。教师通过审视自己的教育习惯，寻找改革的切入点，又通过对自己教育习惯的理性思考，促进自身教育观念的转变，再在这一基础上建立新的习惯，从而实现教育的创新。在这一过程中，所有的教师都成为教育改革的主动参与者，所有的创新又都有着极其鲜明的针对性，并真正冲击着传统教育理念堤坝的一砖一石。

积跬步以至千里，深愿在千百万教师对教育习惯的反思中，实现我们伟大时代的教育创新。

(原载《北京教育（普教版）》2004 年第 1 期)

寻求适应素质教育需要的组织架构

最近考察了深圳一所民办的全日制中小学。这所学校办学时间不长，却进行着很有意思的探索。给我印象最深的，是他们在努力寻求一种适应素质教育需要的学校内部的组织架构。

其一是导师制。这所学校借鉴高等学校培养研究生的方式，在中小学的班级里试行了导师制。学校各班不设班主任，由所有的任课教师和部分学校行政人员担任导师，其中一位是这个班的首席导师。每位导师负责若干位同学，导师就是这些同学的"大朋友"。交朋友的方式，是在新学年之初两三周后，在师生之间有一定接触的基础上，准备担任导师的人分别向同学做自我介绍，由同学们自己选择导师。当然，也可以由首席导师帮助同学选择。导师经常和自己的学生以及他们的家长接触，对学生进行全方位的关心。这样一来，过去的以有利于班级管理为本位的体制转变了，每一个学生的成长都有人指导，每一个学生都有人关爱。同时，学校的所有工作人员都担负着教育孩子的职责，不再只有班主任、团队干部、政治教师三支德育工作者队伍。我想，在各地区先后从小学开始班额趋减的情况下，实行这种导师制是一种有普遍意义的探索。

其二是跨学科研究。这所学校实行由首席导师组织所有导师进行跨学科研究的制度。导师们在一起，就这个班的共性目标、共性要求、共性问题进行研讨，特别着重于在学生素质的培养和能力的提高方面进行协调，以统一教育的步调。当然，在小学还有共同组织主题教学的研究，也就是我们通常称之为"莲花瓣"式的跨学科教学。主题就像一个花托，各学科就像一个一个的花瓣，共同完成这一主题的教学后，就像共同绣出一朵莲花。学生在接受共同围绕一个主题进行的各学科教学中，知识、能力、品德得到全面提升。这种跨学科教学研究的加强，无疑改变了过去只由同学科教师组成教研组进行教学研究的体制格局，适应了课程改革由学科本位向素质本位转变的需要。

其三是学生个案研究。针对每一名学生的特点和存在的问题，首席导师组织导师们一起研究。他们共同听取对这名学生的家庭背景、成长环境、个人情况的介绍，共同对这名学生进行分析，找出这名学生的优势和不足，研究出提升他的素质的方案。然后在各自的教学活动中，落实对这名学生的帮助。实践证明，这十分有助于学生的成长。比如，有一名学生在课堂上从不主动回答问题，对一切漫不经心。经过个案研究，原来他在父母离异后一直缺乏关爱，因此造成他的冷漠和自暴自弃。于是各科教师统一认识，大家都给他更多的关心，更多的鼓励，终于使他恢复了自信，在课堂上也活跃起来。这种个案研究，使得老师们既研究教书，又研究育人，而且是活生生的具体的人，从而使教育促进每一个学生发展服务的功能得以更好地发挥。

这所学校的探索虽然仅仅是开始，还不能够提供成熟的经验，但其与时俱进的勇气与实践，使我们深受鼓舞。

多年来，学校在学科本位、知识本位的教育观念的支撑下，已经形成了一整套相应的体制。比如，年级组服务于教师与学生管理的需要，教研组适应学科教学研究的需要。而当我们现在要服务于全面提高每一个学生的素质的时候，原有的这些体制及其功能就显得很不完善了。所以说，在深化教育改革、全面推进素质教育的微观研究中，校内的组织架构如何适应素质教育的需要，无疑是一个重要的课题。

（原载《北京教育（普教版）》2004 年第 2 期）

洋思春早

我来到坐落于长江之滨的江苏泰兴洋思中学，那正是小麦吐青、菜花泛黄的季节。江南早春，景色迷人，但却遮掩不住洋思的魅力。那是令人震撼的魅力，她展现了当代教育的真、善、美。

我早就听说过，洋思是一个只有 2000 多人的小村庄，洋思中学原本也只是有 26 间平房，9 个班级的农村初中，而且是原天星镇准备在布局调整时撤销的学校。但眼前看到的却是楼群错落、树影婆娑，更触动眼帘的是如赶集时潮水般穿梭于校园里的"取经"人。

是什么魔力，使洋思牵动了如此之多的心？我想，正如一位教育专家所说：因为这里产生了一个朴素的教育奇迹。

在这里，我感到了教育那春天般的真。那楼墙上鲜艳的红色书写的"没有教不好的学生"、"让每一位家长满意"不是空洞的口号，而是实实在在的承诺。这所学校现有的 3200 名学生中，除了 400 名来自泰兴本地，其余 2800 名分别来自 24 个省、自治区、直辖市。千里迢迢，家长把那些在原学校被看作难以进步，甚至无可救药的孩子，送到了这里，心情就像是把危重病人寄希望于一位良医。而洋思中学确实没有辜负每一位家长的期望，孩子们在这里有了自尊，有了自信，有了长足的进步。就是这样的一批学生毕业时竟然 80% 升入省重点高中，在省级数学竞赛、科技竞赛中也竟然有学生能够获得一等奖。江苏有一所被称做年年都有学生获得国际奥林匹克数学竞赛金牌的高中，去年录取的前 20 名学生中就有 6 名是洋思中学的学生。这些奇迹产生于从洋思中学的校长到每一位教师共同的理念，那就是这句"没有教不好的学生"。他们自豪地说："人家怕要差生砸牌子，我们学校的牌子就是差生树起来的。"

在这里，我感到了教育那春天般的善。我们看不到疲于奔命，听不到训斥凌辱，学生的变化来自符合规律的自然而然。洋思全面关心每一个学生，把帮助每个学生进步的责任落实到人；洋思摒弃一切形式主义，只求学生进步的实效；洋思相信每一个学生都能够自学，所有课程坚持先学后教，当堂训练；洋思实行规范管理，使学生在达到共性要求的同时，张扬个性。我们常常会遇到的那些用扭曲人性的办法，用异化了的教育手段取得学业成绩点滴进步的情况，没有在这里发生。这使我们看到了教育的品质、教育的力量。

在这里，我感到了教育那春天般的美。最使我感动的是洋思的和谐，她深深地展现着美的真谛。教师的发展优于学校的发展，是洋思成功的秘诀。在这里，"双作业线"的理论有了生动的写照。在加强建立学校教育教学管理流程的同时，学校有着明晰的教师发展管理的路线。每个暑期，每位教师都要做课、听课、评课，每位教师都能听到一百多节课。开学后，每周每个学科的教研活动，就是由学校指定一位教师上课，大家听了以后进行评议。他们从不迷恋抽象的思辨，而更多的是信赖具体的实践。所以，老师们下的是真工夫，学的是真本领。这支 100 多人平均年龄只有 25 岁的教师队伍，在促进学生发展的过程中，得到了自我发展，展现出了和谐的青春活力与韵律。

我很少用这样的词汇去赞美一所学校，但这次确实是由衷的。沐浴着早春的阳光，我漫步在洋思的校园小径上，听着孩子们的笑声，看着家长们的笑脸，不由得想起陶行知先生的话："什么是教育？教育就是教人变。教人变好是好教育，教人变坏是坏教育，教人不变的不是教育。"我知道洋思的未来还有很长的路要走，但我相信洋思中学的教育的确是好教育。我真诚地希望教育工作者都到洋思去看一看。

（写于 2004 年 8 月，收入《一路走来——陶西平教育漫笔》）

从战地黄花想到的

　　曾经听过苏联卫国战争中的一个小故事。前线的工事里，战士们坚守阵地已经几个月了，其间，击退了德军一次又一次的进攻。他们面对的是饥饿、寒冷和疲惫。一天，一个战士忽然发现弹坑边有一棵小草，在风中瑟瑟地抖动，草尖还顶着一朵小黄花。于是，他冒着生命危险，把这棵小草移栽到工事的透气孔旁。所有的战士都像爱护亲人一样关心她，为她培土，浇上仅有的一点点水。终于，小黄花绽放出了笑脸，给坑道带来了无限的生机与活力，而战士们也仿佛感到了浓浓的春意，他们充满了对未来的向往，增强了胜利的信心。

　　生活的情趣是多么重要！情趣是对生命的热爱，是对前途的信心，是对自我价值的欣赏，也是对和谐相处的认同；是愉快的心情，更是一种崇高的品格。

　　在市场经济大潮中，不少人对金钱的关注超过了对人品的关注。于是，无情的市场规律取代了有情的生命价值，技术规程取代了品德操守，急功近利取代了生活情趣。许多教育工作者都为在这种环境里耳濡目染的年轻一代的健康成长担心。

　　于是，在推进素质教育的进程中，情趣教学诞生了。它起初的目的是使教师的课堂教学充满情趣，以激发学生的学习兴趣，从而形成生动、活泼、主动学习的局面。后来，又逐渐深化，由情趣教学向情趣教育转变，即将培养学生的情趣贯穿到全部教育活动中，使学生的思想道德素质、科学文化素质和身体心理素质都能全面提高，从而实现全人教育。

　　这是一项了不起的实验，这项实验的深化又是一种了不起的提升。

我想，这真是站在了素质教育的前沿。最近，在山东青岛市市南区实验小学，我看到了这项实验前进的足迹。

课堂教学的生动活泼，校本课程的丰富多彩，校园环境的童趣盎然，人与人之间的相互尊重，这一切当然让我兴奋。但是，特别使我受到鼓舞的是学校推进情趣教育的基本理念：没有有情趣的老师，就培养不出有情趣的学生。

因此，学校把情趣教育的着力点放在了教师情趣的培养上。我虽然只在学校里停留了两个多小时，但已经深切感受到这一理念的力量。

走进体育教研组办公室，墙上挂着一张张运动员的大幅精美照片，我最初以为是些著名的体育明星，后来才知道，那是学校每位体育老师在展示自己的运动专长。走进美术教研组办公室，墙上是巨幅的剪纸，洋溢着浓郁的生活气息，那是美术老师的集体杰作。音乐教研组办公室墙上有在海边演奏的女孩子们的倩影，那上面的主人公可不是女子十二乐坊的姑娘们，而是本校的音乐老师。每一个年级组办公室的墙上挂着一个时钟，周边镶着的照片上是全组教师快乐的笑脸……

他们的工作和生活就像他们办公室的"打扮"一样充满着情趣，正如一位老师所说："我有两个家——学校和家庭，我在两个家里体验生活的乐趣，体现生命的意义。"老师们既孜孜不倦又津津有味地在学校这个"大家"里工作和学习。这种快乐的情绪，毫无疑问会深深地感染学生。

这所学校为老师组织了许多情真意切的活动，也于细微处渗透着对老师的人文关怀，更为教师搭建了一个和谐发展的平台。所以，我要在他们的理念的基础上再加一句话：没有有情趣的校长，也就难有有情趣的老师。

由此，我又想到广东中山博文学校的校长对我说的话。他原来和学生在一起时，学生总是很拘束。有一次，他在校园的湖里钓起了一条十三斤重的大鱼，围观的同学欢呼雀跃，赞叹不已。从此，大家都把他看成非常有情趣的人，与他交往时变得无拘无束了。

"战地黄花分外香"，愿我们的校长都有这样的格调，老师都有这样的品位，这样，学生才可能有良好的心态和高尚的志趣。

（原载《中小学管理》2007 年第 1 期）

陕北的教育风情

受教育部委派，前两个月我们参加了对陕西省的义务教育检查评估。在骄阳似火的五月，我们一行来到陕北。如今的黄土高原，在退耕还林以后，已经覆盖了层层新绿。油井林立，高楼幢幢，处处展现着老区人民迈向现代化的豪迈步伐。从密密枣林中传出的悠扬的信天游和从延河岸边响起的隆隆腰鼓声，依然那样让人心醉。而与这旖旎的风光相映生辉的是那浓郁的陕北教育风情。

在陕北所到之处，我们无不感受到陕北十四年走过的实现"两基"道路的艰辛与辉煌，正如定边县教育界的朋友们所说，真是"悠悠岁月稠，漫漫攻坚路，拳拳教化心，殷殷育人情"。

延川县县长和书记是 2006 年 7 月才上任的。他们上任后第一个调研项目中有教育；第一批引进的人才是教师——批准 123 位教师调入；第一年消化的最大一笔债务是教育债务；第一批升格的机构是四所学校；第一座空楼 37 间办公用房分给了教育系统；每个月，教师工资和老干部工资一起第一批发放。这六个"第一"，勾勒出领导者感人的重教形象。我们看到的一位位争做"教育市长"、"教育县长"的领导真是把教育喊在嘴上，抓在手上，落实在行动上。

榆林市前两年财政收入增长很快，教育投入虽然已经大幅度增加，学校面貌有了根本的改善，但是在一段时间内，教育投入的增幅仍然没有高于财政经常性收入的增长。鉴于这种情况，市政府果断地决定：2007 年，市县两级再投入四亿多元用于发展教育事业；今后，各县区凡教育经费达不到"三个增长"的，在年度任务考评中实行"一票否决"。如此的反思勇气，如此的决策手笔，真是令人感动。难怪媒体把这项决定称为民心工程、德政工程、发展工程。

延安市宝塔区的青化砭镇和关中乡通过布局调整撤销了所有的村小，青化砭镇小学低年级160多名学生、关中乡50多名学生集中到各自的中心校寄宿。乡镇政府在原有补助的基础上，为每个学生每天又增加了1元的伙食补贴，并且将原来村小的教师调到中心校负责寄宿学生的起居。这些教师住在学生的宿舍里，照顾学生吃饭，为学生洗衣服。两个乡镇各从企业募集了一辆车，无偿接送学生。这些措施使边远地区的孩子也能接受良好的教育，家长们非常欢迎。虽然这只是一种大胆的尝试，但我们从中可以看出干部们发展教育事业的苦心。

延川县的教师以满腔的热情投入新课程改革中。他们坚持科研兴校，开展了愉快教育实验研究、创新教育研究、研究性学习实验。他们响亮地提出，教育科研要由精英化向大众化转变，由理论科研向实践科研转变，由个体研究向集体研究转变，由单纯写科研论文向全面提高教育教学质量转变。在学术界浮躁之风弥漫的今天，他们的实践为教育科研注入了一股淳朴清新之气。

腰鼓、秧歌、民歌、剪纸等是陕北地区流传久远的文化瑰宝。为了传承民族文化，延安和榆林都决定将这些"瑰宝"纳入课程中。民歌进入了音乐课，大秧歌进入了体育课，剪纸进入了美术课。此外，他们还开设了许多校本课程，请民间艺术家来校任教。现在，不少原生态的民间艺术在校园生了根，开了花，振奋了师生的精神，鼓舞了师生的斗志，陶冶了师生的情操。

陕北的教育风情似一杯杯醇香的美酒令人陶醉。我在途中总是想，它的醉人之处究竟在哪里呢？延安大学党委书记的一席话使我顿悟。他说，我们就是要培养基础扎实、为人诚实、工作踏实、作风朴实的人。我想，这一个个"实"字，点出了陕北教育风情的魂。"实"既是科学态度，又是人文精神，是真、善、美的集中体现。几千年的黄土高原文化铸就了这个"实"字，今天，我们教育事业的改革与发展，最需要的大概也是这个"实"字吧！

（原载《中小学管理》2007年第8期）

一项令人快乐的研究

在 2006 年六一儿童节前夕，胡锦涛同志向全国小朋友祝贺节日，希望全国小朋友勤奋学习，快乐生活，全面发展。"快乐生活"，过去是较少见于领导同志的讲话的。胡锦涛同志这次鲜明地提出这一希望，给我们以深刻的启示，那就是要高度关注孩子的心理感受，使每一个孩子都能有一个快乐的童年。

我在思考这一问题的时候，不能不想起北京第一师范学校附属小学(以下简称一师附小)。早在 20 年前，他们就已经关注这个重要课题，开始了"快乐教育"的实验。20 年来，他们孜孜以求，为推动这项研究付出了辛勤的劳动，取得了令人鼓舞的成果。

在回顾这 20 年走过的道路时，我也发自内心地快乐，因为一师附小创造了许多让教育界同人感到快乐的成就。

一是那明确的研究方向。记得 20 年前，我去一师附小与他们共同探讨这个课题。那时，他们就已将原来进行的"愉快教学"的实验从课堂拓展到整个学校，成为"快乐教育"。这体现了从教学方式向教育理念的深刻变化。他们将"快乐教育"界定为：全面贯彻党的教育方针，使全体学生生动、活泼、主动地全面发展。20 年来，他们将这一方针贯穿于这项研究的始终，着力于面向全体学生，着力于学生的全面发展，同时着力于学生在发展过程中生动、活泼、主动心态的培养。这是将传统理念与时代精神紧密结合的体现。我们强调让学生学会做人，其实，做人的心理基础就是始终保持一种积极进取、乐观向上的健康的精神状态。这种理念的提出，在当时有着超前的意义，在今天有着现实的意义。我们的孩子恐怕是世界上精神压力和学业负担最重的孩子，他们背负着家长的过高期望，面对着教师的严格要求，还要屈从于传统的习惯势力。于是，学业的进步伴随着厌学情绪的增长，岁月的流逝伴随着对生活的厌倦，人们对他们未来的一切期待，最后都化做对往事的一种痛苦的回忆。最先意识到我们教育弊端的人是值得尊敬的，一师附小的同志们正是这样的人。

二是那求实的探索历程。实施"快乐教育"并非一呼百应，更不可能一蹴而就。它需要在理论与实践紧密结合的基础上对学校教育进行改造，其中关键是调节好各种关系，创造一种良好的教育生态环境。要重新思考教与学的关系，课内与课外的关系，教师与学生的关系，学校与家庭、社会的关系。要探讨如何对待学生的进步，如何对待学生的缺点与错误。特别是要探讨"快乐教育"如何与课程改革紧密结合，如何以"快乐教育"的理念丰富课改的内涵，推动课改的进程。20年来，学校通过课题研究的方式，在不同阶段确定不同的研究重点，使"快乐教育"的理论不断深化，经验不断积累，研究所取得的进展得到普遍的认同。

更为可喜的是那执著的不懈追求。应当说，我国正处于教育领域百花盛开的时代。千百种教育主张和教育实验如雨后春笋般破土而出。但是，花开花落，能够持续研究的并不多，能够20年如一日坚持下来的更少见。一师附小所做的研究之所以能够在20年的时间里不断取得新的进展，我想，首先在于他们选择了一个富有预见性和生命力的课题。他们敏锐地抓住了初露端倪的矛盾，有针对性地进行研究；他们将课题研究与学校发展紧密结合在一起，研究的过程就是提高学校品质与水平的过程。同时，他们善于调动学校内部和外部的力量，将专家的引领和教师的积极性与创造性结合起来，使研究步步深入，常研常新。特别应当提到的是，他们不是将课题研究作为一种点缀，浅尝辄止，而是作为一师附小人的事业。大家在为学生创造快乐的同时，也加深了自身对快乐的体验。他们的研究没有因为学校领导人的更替而中断，全体教师团结一心、和衷共济、矢志不渝，表现出令人钦佩的高尚品格。

一师附小的"快乐教育"每研究到一个阶段，我都会写篇文章，谈一谈自己的心得体会。如果说我对他们有所偏爱和敬重，那实在是因为他们做了一件让我和大家都十分快乐的事。

（原载《中小学管理》2007年第12期）

遨游于蓝天碧海
——纪念北京金帆艺术团成立二十周年

1987 年，一朵金帆从北京扬帆起航。20 年来，朵朵金帆载着无数学子驶向成才的彼岸。金帆艺术团的成功实践在北京教育史上写下了浓重的一笔。

金帆艺术团不仅在北京市的学生艺术教育中发挥了重大作用，而且在全国范围内引起了广泛的关注，国外艺术教育界的朋友们也给予了很高的评价。一个学生的艺术团体能够产生如此广泛的影响，确实给我们许多深刻的启示。

金帆艺术团的实践告诉我们，艺术教育是全面素质教育的重要组成部分，它在陶冶情操、提高品位、净化灵魂等方面有着不可替代的作用。在一段时间内，在以应考为唯一目的的教育思想的影响下，部分学校严重忽视艺术教育，把艺术学科列为副科，甚至随意侵占艺术学科的教学时间，课外艺术教育活动也得不到应有的重视。当金帆交响乐团在全市校长大会上奏响交响乐的第一乐章时，教育界的同人们看到了艺术教育的力量，领略了艺术教育所体现的高雅的格调。多年来，金帆艺术团的团员和团友们也都十分珍惜和怀念在艺术团生活时自身认识提高与情感发展的历程。

金帆艺术团的实践告诉我们，学校文化是社会文化的组成部分，学校艺术教育应当加强社会主流文化价值取向的引领。改革开放带来了经济的发展也带来了文化的繁荣，但同时，在一段时间里，低俗文化也在校园中蔓延。一些内容不健康、格调不高、不利于青少年健康成长的艺术形式和艺术作品进入了校园，甚至占领了学校艺术活动的主要阵地。我们尊重多元艺术的存在，也不反对学生接触多元的艺术形式，但必须保证高雅文化艺术的主流地位。艺术教育不能简单地迎合学生的趣味，而要通过引导培养学生的高雅品位，这样才能体现素质教育的真谛。金帆艺术团从成立伊始就坚持发挥引领作用，始终倡导民族的和世界的高雅艺术，并通过艺术团的活动建立起高雅艺术进入学校的通道，为学生展现出一片蓝天和一方净土，努力形成学生成长的良好生态。

金帆艺术团的实践告诉我们，学校艺术教育需要坚持普及与提高相结合的原则，以提高推动普及，以普及促进提高。就整体而言，学校艺术教育的任务在于提高学生的基础素质，因此，搞好面向全体学生开展艺术教育的课堂教学和课外活动是学校艺术教育的基本任务。同时，艺术教育的目的在于引导学生认识美、欣赏美、创造美，所以，将最美好的艺术展现在学生面前，并尽可能使学生参与其中，也是提高艺术教育质量的关键环节。因此，要努力处理好艺术教育普及与提高的关系。金帆艺术团从成立之日起，就成为艺术教育普及与提高的中介。它一方面用自己的艺术活动激发广大同学对艺术的兴趣，另一方面又吸引广大同学参与到具有较高水平的艺术活动之中，从而推动了普及与提高的有机融合。

金帆艺术团的实践还告诉我们，学校的艺术社团是活跃学校文化生活、推动学校艺术教育的重要途径。学校的艺术社团应当由学校构建，专家引领，教师主导，学生广泛参与。20年来，金帆艺术团所在的各学校的领导，始终重视把握方向，提供活动的时间和场地，并引导学生在积极参与活动的同时全面提高自身的素质。艺术界的大师和专家们都以高度的热情投入辅导学生艺术社团的活动之中，他们满腔的激情、精湛的艺术、高尚的人格对学生产生了巨大的感染力。学校的老师是组织艺术团活动的主导力量，他们精心周到的安排、耐心细致的辅导，保证了艺术团活动的经常性和稳定性。而广大同学在参与艺术团活动的过程中，提高了鉴赏力、表现力，增强了自信心、成就感，还有不少同学从这里开始了自己的艺术人生。

我们曾经开展过许多教育改革的实验，这些实验也曾闪耀过一时的光彩，而金帆艺术团在茫茫大海中乘风破浪航行了整整20年。"扬起理想的风帆，驶向成才的彼岸"已经成为所有金帆人的共同信念，这种信念成为金帆艺术团持续发展的不竭动力。我衷心祝愿金帆在新的航程中以更加勃勃的英姿遨游于蓝天碧海之中。

(2007 年 12 月 24 日为《金帆情》一书作序，该书是北京市
教育委员会为纪念北京金帆艺术团成立二十周年而编写)

草原春意

五月的草原一片绿色，我们来到内蒙古自治区进行关于城市义务教育免费工作的调研。应当说，这项影响深远的工作使草原的教育散发出一股浓浓的春的气息。

内蒙古自治区共有 32 个城市地区。2006 年秋季，自治区就对县级市和满洲里、二连浩特两个计划单列市共 14 个城市地区义务教育阶段的中小学生全部实施了"两免"。2007 年秋季，全区其余 18 个城市地区义务教育阶段的中小学生也全部被纳入"两免"政策实施的范围。

城市义务教育免费政策的实施，促进了义务教育健康、稳步发展，保障了所有适龄少年儿童实现"有学上"的愿望，降低了义务教育阶段中小学生的辍学率。它在一定程度上减轻了城市低收入家庭的负担，使城市低保家庭、下岗职工家庭、多子女家庭和进城务工人员家庭得到了实实在在的好处。在调研过程中，我们深切体会到家长和学生，特别是低收入家庭对"两免"政策的热烈欢迎和衷心拥护。

内蒙古自治区不仅免除了城市地区义务教育阶段学生的学杂费，同时还免费提供了教科书。鄂尔多斯市的东胜区除了"两免"外，还免除了学生的作业本费。

为了保证进城务工人员的子女都能够充分接受义务教育，自治区按照国家的有关政策，采取多种形式，保障进城务工人员子女接受义务教育的权利。截至 2007 年年底，全自治区义务教育阶段进城务工人员子女 20.6 万多人，全部享受与当地居民子女同等的"两免"政策。在民办学校就读的学生也全部享受了"两免"政策。呼和浩特市、鄂

尔多斯市对要求进入义务教育公办学校的进城务工人员子女，都无条件接收，并保证他们和当地学生享有同等待遇，一律不准收取借读费、赞助费；对家庭特别困难的进城务工人员子女，还通过设立助学金等办法，帮助他们解决实际困难。

对城市中小学生实施"两免"政策所需的资金，内蒙古自治区采取全部由区本级财政承担的办法。截至2007年秋季，全区享受城市"两免"政策的中小学生为76.47万人，共补助资金约1.17亿元，其中免杂费资金6359万元，免费提供教科书资金5342万元。

由于实行了免费的义务教育，所以义务教育阶段中小学的收费更加规范。绝大部分学校除了收取作业本费和寄宿生住宿费外，其他方面基本是"零收费"，不少地方都实现了教育收费的"零投诉"。呼和浩特市进一步规范了城市义务教育阶段学校的收费，办学经费全部由各级政府承担，学校之间实际运转经费的水平已经差距不大，这为教育的均衡发展奠定了良好的基础。

我们更为欣喜地看到，自治区各级政府普遍更加重视增加对教育的投入。2007年，鄂尔多斯市东胜区区政府和企业各出资5亿元用于教育，使中小学的办学条件得到了显著改善。2008年，他们继续投入10亿元用于改善中小学办学条件和奖励教师，当地教师年平均工资比公务员大约高出1万元。

"两免"政策的实施，得到了家长和学生的一致拥护，同时也使学生家长更加关注学校办学条件的改善和教育质量的提高。在我们召开的座谈会上，许多家长表示，免除学杂费和书费减轻了城市家庭的负担，解决了孩子"上学难"的问题，今后，他们更关注的是孩子"上好学"的问题。如果政府能使学校设施更加完善，教师水平得到提高，教育教学质量得以提升，那么他们将从中得到更多的实惠。

由此我想到，在全国范围内全部免除城市义务教育阶段中小学生的学杂费，是我国具有战略意义的教育决策，而进一步办好人民满意的教育还任重道远。

增加财政投入免除义务教育阶段学生的学杂费，是推进义务教育发展的重要保障，而提高义务教育质量同样需要通过增加财政投入来解决。因此，办好人民满意的教育，需要全面协调减轻人民群众的教育支出负担与向人民群众提供保证质量的教育之间的关系。在义务教育进入以提高质量为主题的新阶段的时候，各级政府在财力有限的情况下，如何合理分配以提高投入效益，让人民群众真正满意，是需要我们认真思考的问题。

　　草原的浓浓春意传递了一个重要的信息——我国的义务教育进入了一个新的历史阶段。全部免除义务教育阶段学杂费的决策对我国由人力资源大国向人力资源强国的迈进，必将产生不可估量的深远影响。

（原载《中小学管理》2008 年第 10 期）

走进社会大课堂

　　新年伊始，我希望家长送给孩子一份珍贵的礼物，那就是引领他们走进社会大课堂。

　　去年 9 月 1 日，新学年开始之时，北京市市长亲自启动了中小学的社会大课堂。这是深化教育改革，推进素质教育的重要举措。

　　传统教育倡导以课堂为中心，以书本知识为中心，以教师为中心，从而产生脱离实践的片面性。进入工业化社会以后的现代教育，倡导以社会为中心，以生活为中心，以能力为中心，但在实践中也产生新的片面性。因此，社会主义现代化的教育充分吸取历史的经验，倡导课堂与社会相结合，教师教学与生活实践相结合，学习知识与培养能力相结合，从而，对教育功能与途径的认识更为全面，更为深刻。

　　学校教育长期存在的弊端就是脱离作为知识本原的生产实践和社会实践，导致学生获取知识途径的单一性。社会实践的缺失使学生难于全面认识客观世界，包括对自然、社会、他人和自身的认识。在社会价值观念日益多元化的今天，由于缺少社会实践这一重要环节，学生毕业走出校园后，知识不少，常识却往往不多，会对很多社会现象感到迷惘，甚至产生道德困惑。脱离社会实践的教育也不利于培养学生的能力和健康心理品质。学生有在课堂上解答问题的能力，却没有在生活中解决问题的能力。由于没有在实际生活中的磨砺，学生也难以形成良好的心理品格，成为一个健全的人。

造成学校教育脱离社会实践的原因是多方面的。首先是学校教育在应试教育的影响下，形成了封闭的教育空间和沉重的课业负担，"片面教育"必然导致学生的"片面发展"。同时，中国传统文化中强烈的功名意识及对实践的鄙薄，也深刻地影响着社会的观念、学校的观念、家长的观念，学生参加社会实践缺乏外在的社会氛围。信息化、互联网的快速发展在推动社会进步的同时，也带来不同程度的负面影响。不少学生已经习惯于生活在一个虚拟的世界里，而缺乏对真实社会生活的关注。社会有着丰富的教育资源，但由于其归属不同，主管部门不同，主要社会功能定位不同，因此，面向学生服务的开放性也有很大局限。

面对教育事业发展提出的新课题，北京市在全市范围内推进了中小学生"社会大课堂"的建设。"北京市中小学生社会大课堂"搭建了学生参加社会实践活动的平台，并在资源整合、体制保障、机制形成、网络建设以及校内外协调等方面，进行了大胆的尝试。

为了向学生开放社会资源，北京市的教育行政部门做了大量的工作。一方面，建立畅通的信息渠道，可以使家长和学生通过手册、网络，迅速了解各类场所的相关信息，以便于进行选择；另一方面，重视激励机制的建设，有对积极参与社会实践活动者的表彰和奖励，也有各相关场所对学生甚至家长的免费或优惠政策。

当社会单位向孩子敞开大门以后，家长就成为使社会真正成为大课堂的重要因素。相信许多家长会以此为契机，利用节假日带领孩子到广阔天地中去拓宽视野，锻炼才干，健康成长。

世界是一个圆，圆周是无限的。每一个人都是一个圆心，圆心无处不在。教育就是半径，半径越长，人的世界就越广阔。引导孩子走进社会大课堂，就是在不断拉长教育的半径，使他拥有一个更为广阔的世界。

（2009 年 12 月 19 日）

以形成特色带动整体提升

深圳罗湖区以教育工作者的科学精神，把"健康第一"这个传统的真理做实了，"健康第一"在这里真的成为第一。他们通过理念、实践和评估相结合的体制建设，形成了区域教育发展的特色，带动了全区教育水平的整体提升。

罗湖区的教育特色给我们很多启示。

首先，以"健康促进"的教育理念作为区域教育发展的特色具有前瞻性和引导性。

温家宝总理提出，建设具有中国特色、中国风格和中国气派的现代化教育要有四个符合，"健康促进"的提出是这"四个符合"的生动体现，凸显了肩负起基础教育的打好人的一生发展基础的责任。

第一，符合教育规律。身体是一切素质的载体，而又直接影响其他素质的发展。"健康第一"正是从这个角度提出的。

第二，符合时代的潮流。"健康促进"是世界卫生组织提出的迎接21世纪挑战的一个中心概念，将"健康促进"解读为"鼓励健康的行为，增强人们自己改进和处理自己的健康问题的能力，通过教育和调动积极因素来增强人的内在的力量"。罗湖区抓住这一命题，紧扣时代发展对人的发展的诠释，倡导了符合时代精神的价值观。

第三，符合社会和国家发展的需要。"少年强则国家强"，为国家培养身心健康、社会适应能力强的社会主义建设人才既是社会主义现代化的目的，也是实现社会主义现代化的条件。罗湖区将"健康促进学校"建设和"健康城区"的建设统一起来，体现了区域内社会建设目标和学校建设目标的一致性。

第四，符合人的发展的要求。爱因斯坦说过，人们忘记他们在学校里所学的一切后，剩下的就是教育。同样地，撇开一切追求，人能够剩下的首先就是身心健康。所以，"健康促进"是对人一生的发展负责的教育。世界卫生组织将社会适应能力作为健康的重要指标，罗湖区高度重视社会适应能力的培养，为人的社会化奠定了坚实的基础，体现了高度的人文性。

因此，这一特色极具前瞻性，有着很强的引导性。现行教育存在的弊端之一就是课业负担过重，影响学生的全面发展。为此，许多地区制定了许多政策，但相对来说，限制性的政策比较多，而引导性的政策比较少。说出的"不许"比较多，而应当怎样做比较少。"健康促进"是一个积极的正面口号，具有很强的引导性，有利于正确贯彻教育方针，减轻学生过重课业负担。

其次，统筹协调，扎实推进，以特色形成带动区域教育水平的整体提高。

"健康第一"是全国都喊的口号，在理念上没有争议，但是，在理解上，特别是在实践上却存在很大差别。罗湖区一方面将"健康促进"具体化，使得目标明确；另一方面，领导高度重视，抓住理念转变这一中心环节，促进教育主管部门、学校领导、教师理念的转变；同时，以创建"健康促进学校"为突破口，采取一系列措施，推动落实。"健康促进"成为罗湖区教育改革与发展的切入点，把"健康促进"与深化素质教育，与教育教学整体工作，与丰富教育强区内涵，与健康社区、文明社区创建紧密结合起来。带动校内外环境的优化，带动学生良好行为习惯的养成，带动学校、家庭、社区教育的结合，带动学校文化建设，从而带动了教育过程的健康化，促进了学校的整体发展和教育质量的提高。这其中，有着许多创造，积累了许多可资借鉴的新鲜经验。比如，"七彩体育，板块特色"主题活动的开展，集行为习惯、运动锻炼、意志磨砺、心理辅导、理想教育为一体的阳光少年工程，心理健康教育的教师培养与科学研究，以图书漂流活动推动课外阅读的广泛开展，特别是形成了一支上万人的家长义工队伍来参与"健康促进"的推动，都为我们提供了可贵的借鉴。

由此，充分显示了区域教育特色对区域教育整体水平提高的引领和促进作用。抓住一个普遍关心而又相对薄弱的环节作为切入点，进行深度开掘，从而积累经验，展现优势，形成特色，增强信心，再来带动整体优化，这是一种教育的智慧。也正如罗湖区领导所说，是得天时、顺民意的事。

最后，加强区域教育评估体系的研究，以评估推动教育事业的协调发展。

罗湖区制定的区域教育"健康促进"的特色量表，扩充和拓展了《健康促进学校评价标准》，丰富了学生健康发展的内涵，拓展了学生健康发展的外延，富有创造性。其中，将涉及学生发展的硬软环境，如物质环境、文化环境；涉及社会适应能力的诸多因素，如师生关系、同伴关系等都列入评价指标体系，列为观测点，有着很强的针对性和指导意义。同时，将指标体系作为教育行政部门各科室指导学校工作和评价考核学校的依据，使"健康促进"的扎实推进有了更加有力的保障。

罗湖区在区委区政府的领导下，在各部门的协作下，在教育行政部门的大力推动下，将"健康促进"作为区域教育特色推动区域教育的发展，给我们一个重要启示，那就是：教育质量有着丰富的内涵，也有着许多薄弱环节，因此，也就为我们提供了更多的切入点和创新点，我们要善于捕捉机遇，以此来推动区域的教育创新，为区域教育的发展不断注入新鲜的活力。

(2010年1月9日在深圳罗湖区区域教育特色发展实验区会议上的讲话)

学校幸福指数

前不久，《中小学管理》主编给我发来一幅照片：画面看起来是一个高中毕业班的教室，每个课桌上都堆满了教科书和辅导材料，夜深人静，一位同学正在伏案苦读。黑板上方有一条触目惊心的标语，引用了女作家萧红的一句话："生时何必久睡，死后自会长眠。"看着这令人感到窒息的画面，我想，难道教育就是把人生的一切幸福都交付未来，而在当下只留下痛苦吗？

前些天到广西柳州考察，柳州市教育局局长和我谈起他们正在研究的一个课题——幸福教育，听了之后，我万分感动。他说，使学校里的所有人都感到幸福，这是我们应有的追求；幸福不应当是一句空话，要把增强师生的幸福感贯穿于学校的全部工作中，这才是真正的以人为本。幸福教育课题研究的重点是学校的幸福指数。他认为，大家常说要使师生生活得更快乐，但没有一个指标体系可以衡量，因此也就难以落实。所以，他们正在试图借鉴生活幸福指数的理念，设计一种学校幸福指数，以探索使师生生活得更幸福的标准，使幸福变成看得见、感受得到的东西。同时，他们还要研究评估的方法，探索将创造良好的外部环境和师生的主观幸福感结合起来评价师生幸福水平的途径。

谈到学生的幸福指数应当包含哪些内容时，局长提出要把身心健康放在第一位。他说，要创造使学生身心健康的外部环境，包括合理的课业负担、愉快的活动天地、和谐的师生关系，甚至包括控制近视发病率等。我深深感到，这才是把人的眼前幸福与终身幸福紧紧联系在一起的教育。

我接触和参与了许多课题研究，但这个课题是使我感到最温暖、最人性化的一个课题。我常想，中国的传统观念就是学习是为了未来幸福地生活，所谓"吃得苦中苦，方为人上人"。为了有朝一日金榜题名，今天就要以头悬梁、以锥刺骨。但现在已进入终身学习社会，人生既是生活和工作的过程，也是学习的过程，难道我们还要倡导学习一生，痛苦一生吗？当然，学习是艰苦的，但不应以身心的痛苦为代价，更不应让儿时的痛苦成为终身痛苦的根源。因此，我从心里佩服这位局长长远的眼光和广阔的胸襟。

去柳州市的第二天，我们乘车近3个小时，来到三江侗族自治县的丹洲镇参观一所小学。这是一所位于融江边的学校，共有200多个学生。校舍、设施按照县里的二类标准配备，虽不奢华，但很齐全。在这里，我能鲜明地感受到柳州市一贯倡导的幸福教育的影响。

融江中间有一个沙洲，就是有名的丹洲。费孝通先生在上世纪抗战时期曾来这里进行社会调查，岛上现在还有 1000 多个居民。30 多个孩子每天要由家长送到江边，乘渡船上学，放学后再乘渡船回家。其他学生也有不少需要走山路上学。尽管如此，老师和孩子们都在这里找到了快乐。

校园里大字书写着："我快乐，我成长"；教室的墙上高挂的标语是："学海无涯乐作舟"；一个班的班级口号是："在快乐中成长，在耕耘中收获"；一个班表扬栏的名称是："快乐每一天"；一个班作业展示栏的名称是："开开心心，认认真真"；一个班的班级公约是："懂得用嘴角微笑，知道用小手帮忙，学会用耳朵倾听，体会用心灵理解"；一个班全体同学和老师的合照上写着："瞧，我们快乐的一家人"。我看到，留守儿童们在进行穿衣比赛、整理书包比赛，学习钉扣子、补衣服。教师们利用双休日进行家访，给孩子们送去温暖，带来快乐。

在这里当教师很是辛苦。因为是山区，所以许多教师都要乘车从很远的地方赶来上班，但大家都有很好的心态。教师备课室的墙上写的口号是："笑对生活"。教师们自己编辑出版了一份小报，名叫《朝阳》，上面记录着他们工作和学习的心得。一位工作了十多年的侗族女教师听说我们来了，专门穿上侗族的服装，戴上银饰，欢迎我们。她笑着说，这身衣服是第二次穿，第一次是她结婚的时候。她现在每月工资 1600 多元，每天从县城到这里上下班就要花 10 元车费。她担任三年级班主任和少先队大队辅导员，工作很忙，但很快乐。她说，当班主任很幸福。上周她刚参加县里的班主任培训，内容就是：做幸福的班主任。

我在这里感受到了那么多的快乐，那么多的幸福，深感这里的学校幸福指数很高。同时我也生出一点感悟：尽管面对许多难题，但只要我们想做，幸福其实离师生并不遥远。

（原载《中小学管理》2011 年第 1 期）

又一盏小橘灯

2011 年 4 月，我参加了北京市第一六六中学"高中冰心文学实验班"启航仪式。这个班是在高中一年级成立、由一群爱好文学的学生组成的建制班。应当说，这是高中教育改革的一项有意义的实验。

我认为它的意义在于：

一是创造良好的文化氛围，培育高品位的教育生态。人就像一棵树，在生长过程中需要土壤、水分、阳光、空气，恶劣的生态环境会使它枯萎，好的生态环境能使它茁壮成长。学校的文化氛围是除教师和教材之外的第三位老师。文学是最富生命活力的营养素，它使人心灵净化、格调高雅、情操高尚。开展文学活动是创造学校良好生态环境的重要途径。文学班的举办正是这种理念的生动体现。

二是尊重个人的成长诉求，发展学生的个性特长。根据多元智能理论，每名学生都有自身的优势智能，都有由于环境影响而萌生的个人爱好，这就要求学校在为学生打好全面素质基础的同时，尽可能地提供可供选择的条件。文学班的举办正是这种理念的生动体现。

一六六中学是许多优秀人才的母校，冰心就是他们的代表。

记得 20 世纪 60 年代初，中华函授学校经常组织著名作家为教师举办讲座。一次，我听冰心老师讲演后，向她提了一个问题：命题作文应当如何审题。这本是"应试教育"中语文教学的一个重要内容，但她当即说，最好不要总是老师给学生命题，应当让同学们写自己的所见、所闻、所想、所感，这样才能让学生做真实的自己。这是我直接从她那里感受到的对学生个性发展的尊重，对人的尊重。

我在上小学的时候，就喜欢读冰心的散文和诗歌，虽然那时还很难深刻领会她的思想，但她博大的爱心——对自然的爱，对人类的爱，对和平的爱，对生活的爱，深深地感染着我和我们那一代人。她的"有了爱就有了一切"成为许多人的座右铭。

一六六中学举办文学班的宗旨不只是为了培养一批作家，当然这些学生中会有人成为作家；也不只是为了培养一批杰出的人才，当然这些学生中会涌现出一批杰出的人才。我想，文学班首先要教育学生的是像冰心老师那样去做人。当"作家"首先要学会"做人"，成为"人才"首先要涵养"人格"。学校应当使同学们都能从冰心那里学会做一个认真把握现在、努力创造未来的人。

我记得冰心在一首小诗中说：

> 童年啊，
> 是梦中的真，
> 是真中的梦，
> 是回忆里含着眼泪的微笑。

这是冰心对生活的一种诗意的解读。我们的生活一定要有真，我们的生活也一定要有梦。梦中有真，真中有梦！

这个"真"就是现在，要把握现在。北京人民广播电台的"金话筒"主持人小雨是冰心生前最后一位带着孩子采访她的记者。那是1999年的一天，冰心最后一次见到她所热爱的小朋友们。100岁的她特意穿上红色的毛衣。她对孩子们最后说的话是："学就好好地学，玩就好好地玩！"这句简单的话充分表达了她对孩子们的殷切期望：要认真对待当下生活中的每一件事。就像冰心在另一首诗里说的：

> 青年人呵！
> 为着后来的回忆，
> 小心着意的描你现在的图画。

她在诗里叮嘱大家，对待当下生活中的每一件事，一要"小心"，二要"着意"。

这个"梦"就是未来，要创造未来。每个人都应当有梦想，那个梦就是一个比现实更好的未来，每个人都要努力把这个梦变成现实。

冰心还说过：

> 青年人！
> 相信自己罢！
> 只有你自己是真实的，
> 也只有你能创造自己。

她鼓励每位同学要相信自己，战胜自己，超越自己，不怕人生路上的艰难坎坷，不畏生活中的风霜雨雪，不要经受一点委屈就意志消沉，要努力使梦想成真。

如果文学班培养了一批既能把握现在，又能创造未来的人，我想这个实验就成功了。

"高中冰心文学实验班"启航仪式的最后，著名表演艺术家濮存昕和一位小同学共同深情地朗诵了冰心的散文《小橘灯》。随着朗诵的结束，礼堂的灯光暗了下来，舞台上亮起了一盏发着橘黄色微光的小橘灯，接着，无数盏小橘灯都亮了起来，全场一片光明。我顿时想到，教育改革实验其实也是一盏小橘灯，但正如冰心在散文中写的，"我提着这灵巧的小橘灯，慢慢地在黑暗潮湿的山路上走着。这朦胧的橘红的光，实在照不了多远，但这小姑娘的镇定、勇敢、乐观的精神鼓舞了我，我似乎觉得眼前有无限光明！"

(原载《中小学管理》2011 年第 7 期)

一所创造幸福的学校

在沈阳市怒江小学校门前，每天早上同学们都会行 90 度鞠躬礼和父母道别，向老师行礼问好，这已成为一道引路人注目的靓丽的风景线。

　　每到教师节、节假日返校的第一天，校长还会带着全体教师在学校门口迎接学生，给孩子们一个大大的拥抱，在耳边说几句鼓励的话语。动人的场景，温馨的气氛，让许多家长在校门口感动得热泪盈眶。一位小同学六个月大的时候母亲就去世了，她在日记中写道："早上入校，老师拥抱了我。那么温暖！我知道了什么是妈妈怀抱的滋味。"

　　我在沈阳进行调研的时候，深深地被这样一所为外来务工人员和他们的子女创造幸福的学校所感动。

　　怒江小学位于沈阳市皇姑区西部，是一所接收外来务工人员子女人数很多的学校，现有 510 名学生，17 个教学班。多数学生缺少家长在他们成长过程中的陪伴、关心和指导，家长也缺少家庭教育的知识和能力。很多学生没有养成良好的学习和生活习惯，还有一部分学生存在胆怯、自卑、偏执等心理问题。学生幸福感普遍较差。

　　学校开展了以爱为核心文化，关注学生生命成长，培养健全人格，感受和创造幸福的幸福教育实践。让这些城市中流动的花蕾，不仅有一个幸福的童年生活，还要为他们一生的幸福打下坚实的基础；不仅仅给他们生活上的关爱，更要让他们形成正确的人生观、幸福观，学到获取幸福的本领。幸福教育要传播爱的理念，让学生在奉献他人中感受成长的快乐；培养爱的品质，让学生在自我教育中感受成长的幸福。

　　学校和家长配合一道开展了"孝亲"教育，让孩子们了解父母工作的辛苦，体会父母对儿女的爱和付出，为父母承担力所能及的家务。一位同学的爸爸妈妈在早市卖菜，每天天不亮就出门。以前，她妈妈每天起得更早，要把姐弟俩收拾利索才能出门打工。自怒江小学"幸福教育"实践中的"孝亲"教育活动开展以来，孩子知道了妈妈的辛苦，自觉承担早起后的家务。她把自己的幸福感受收藏到"幸福成长袋"中。她说，她能做好妈妈的小帮手，体现了自己的价值，只有把幸福传递给他人，才是真正的幸福。孩子们在"孝亲"活动中提升了对幸福的认知。没开展"幸福教育"之前，许多外来务工人员子女对幸福的感受仅仅是有零花钱，有好吃的东西和漂亮的衣服，有爸妈陪着逛公园，他们的幸福感受是在爸爸妈妈的给予中获得的。通过"孝亲"教育活动，他们端正了幸福观，体会到为父母端一杯茶，帮父母做一些家务，完成作业工整干净，让亲人快乐愉悦，就是幸福。家长在反馈信中写道："我的孩子长大了，懂事了。我虽然每天很辛苦，但孩子能理解我的辛劳，我感到很幸福，再累也高兴。"

和城里的孩子相比，外来务工人员子女艺术素养差，更没有机会发展艺术特长。为了让这些孩子能和城里的孩子一样，学校与企业家联络，聘请了10位名誉校长和15位校外辅导员，集资建立了琴、棋、书、画四个专业教室，买来古筝、围棋等设备，聘请了五位应届大学毕业生做教师，教师工资和五险一金由企业家来支付。他们通过课程整合，开设了琴、棋、书、画、武五门课程，作为校本课程进行全校性普及教育。三年来，全校同学都会弹古筝，下围棋，打太极，还可以免费参加学校组织的课后兴趣小组。家长们说他们从未敢想，自己的孩子能学琴棋书画，比不少城里孩子学得还多，懂得还多。

学校抓住教师成长和社会联动两条主线，不断把"幸福教育"引向深入。

对外来务工人员子女开展"幸福教育"，首先要提升教师自身的幸福指数，教师拥有强烈的幸福感，才能在润物无声中影响学生的人生观和幸福观。没有幸福感的教师教不出能获得幸福、并能创造幸福的孩子。学校多方面提升教师的职业幸福指数，努力让每位教师快乐工作、快乐生活。

怒江小学的老师们认为，外来务工人员为城市的建设作出了巨大贡献，学校必须尊重和理解他们。虽然他们的孩子有的只是短暂地在学校读书，但是只要他们一天是本校学生的家长，就要做好对这些家长家庭教育的支持和帮助。学校组成了家庭教育援教自愿者团队，从校长开始，带领老师到家庭走访，了解他们存在的具体困难和问题。学校以班为单位开设了家庭教育课堂，请国学讲师讲《弟子规》，给家长推荐必读的书籍，召开家长读书交流会。

学校充分借助社会资源推动幸福教育。提出了"再造书香门"计划，征集了100位企业家为100个家庭配置图书。招募了200位大学生志愿者走进学生家里对学生课业学习进行辅导。2010年暑假，30多位企业家组织100余名在怒江小学就读的外来务工人员子女去海边看海，进行拓展训练。企业家们在活动中精心呵护每一个孩子。当学校师生看到这些在商场上叱咤风云的老总们跪在地上给孩子们洗脚的时候，不禁流下了感动的泪水。被人关爱的幸福感如同春雨一般悄悄浸润进孩子们幼小的心灵，这成为最生动的爱的教材。

幸福教育实践活动，让怒江小学的孩子们深深认识到：真正的幸福是通过你的付出给别人带来快乐的一种感受。这个感悟，将会铭刻在孩子们心中，成为影响孩子一生成长的生命烙印。

在这里，我看到了对外来务工人员子女教育认识的升华，当一些地区还把这项工作看成是一种负担、一种恩赐的时候，怒江小学已经把它看作播撒爱的种子，创造幸福人生起点的神圣使命和历史责任。

（原载 2012 年 3 月 18 日《中国教育报》）

第二辑

复兴始于教师

联合国提出"复兴始于教师"表明，教师队伍建设已成为当代世界教育事业发展的共同的关键因素。各国加强教师队伍建设新的动向主要表现在：改善教师来源；改革培养方式；重视专业发展；提高教师地位；调整师生比例。

教师的幸福感是教师对教育生涯满意度的主观感受，这种感受来自对现实生活的体验，更来自对未来的期待。我们说教师所从事的是一种无私奉献的事业，这是因为教师不仅有现实的目标，而且有长远的追求。

提升我们的信息素养

　　现代信息技术的飞速发展，叩开了信息化社会的大门。信息化改变着人们的工作方式、生活方式，更影响着人们的思维方式、学习方式。因此，作为培养在信息化社会生存的人的教育事业，也就面临着前所未有的挑战。

　　近年来，我国大幅度地增加了对信息技术教育设施的投入，也高度重视教育软件的开发和网络的建设。但实践证明，教师的信息素养在推动这项历史性变革的过程中，起着决定性的作用。

　　20世纪80年代末，我去瑞士进行教育考察，他们的教育行政官员介绍了瑞士进行计算机教育的经验。这位官员在纸上画了一个圆，再画一条直线穿过圆心将圆分成两半，再将其中一个半圆用一条横线再切割开。他指着图说，发展计算机教育可以用1/4的经费购买设施，用1/4的经费开发软件，但必须用1/2的经费培训教师。他的话生动地说明了教师在信息教育中的重要地位。反思我们十多年来信息技术教育发展的历程，更使我们深感提高教师信息素养的必要性和紧迫性。

　　1989年，美国图书协会下设的信息素养总统委员会曾经在他们的报告中给信息素养下了一个定义："要成为一个有信息素养的人，就必须能够确定何时需要信息，并具有检索、评价和有效使用信息的能力。"十多年来，这种认识指导着教师自身的修养，也指导着学校的信息技术教育，同时人们又在实践中丰富和深化着对信息素养的认识。

　　一位有良好信息素养的教师，应当具有良好的信息意识、信息能力、信息教育理念和高尚的信息道德。

　　信息意识的核心是对信息本质的认识和对信息作用的把握。信息作为物质系统存在的全部特性的表征形式，是经济发展与社会进步的关键因素。当代，任何一个国家没有信息化，也就不可能走在现代化的前列。与时俱进，归根结底取决于对信息的及时获取、准确判断和正确处理。

信息能力不是单纯的信息技术，而是适应信息化社会生存的全面能力。当然，关键是获取信息、分析信息、利用信息和发展信息的能力。由于以多媒体、网络化和智能化为特征的现代信息技术的飞速发展，现代信息工具不断更新，从而对人的信息能力也就必然不断提出新的要求。

信息教育理念是教育理念在信息教育领域的反映。我们倡导的信息教育是在素质教育思想指导下的信息教育。因此，面向全体学生，提高学生的全面素质，应是信息教育的宗旨；培养学生的创新精神和实践能力，应是信息教育的重点。信息教育不仅是作为一门课程进入课堂，而且是作为一种理念发起了对传统教育思想的挑战，作为一种新的教学方式推进着教学的科学化与民主化，推进着教育现代化。

信息道德集中体现在维护信息资源的真实性与信息处理的社会责任感，体现了科学精神与人文精神的结合。因此，教师的信息道德水平彰显着教师的人格水平，信息教育的过程也是提高学生思想道德情操、塑造学生人格的过程。

教师自觉地提高自身的信息素养是教育事业发展与改革的必要条件，学校加强信息文化建设是教育事业发展与改革的必要环境。当然，这一切只凭坐而论道是无法办到的，必须通过不断的实践才可能实现。

每当教师节来临的时候，人们都会在表达对教师的敬意的同时，对教师寄予厚望。我想，在教育改革的实践中，不断提升教师的信息素养，也算是一个与时俱进的新的期盼吧！

（原载《中小学信息技术教育》2003 年第 9 期）

教师队伍建设要下真功夫

提高教育质量就要加强教师队伍建设，加强教师队伍建设就要将教师集体建设成为学习型组织，而要为建设教师的学习型组织创造条件就应当旗帜鲜明地反对形式主义，下一番真功夫。

近年来，教师队伍发生了很大变化，教师的数量迅速增加。2002年全国已有普通高中专任教师94.6万人，普通初中专任教师343万人，小学专任教师577.8万人。教师队伍年龄结构发生了变化，年轻化的进程大大加快。教师队伍的知识结构也在发生变化，学历层次提高了，对英语、信息技术以及其他新知识与新技能掌握的水平也明显提高了。同时，教师队伍的流动速度加快了，聘用制的推行、吸引人才政策的制定和教师自身选择意识的增强，促进了教师在校际甚至在地区间的流动。

但同时，教师队伍也面临着前所未有的挑战，特别是在课程改革启动以后，教师队伍出现了许多方面的不适应。新旧教育理念发生了激烈的碰撞，教师难以很快地实现教育理念的转变。目前，教师以新的教育理念组织课堂教学的能力、组织研究性学习的能力、组织实践活动的能力以及信息技术能力还明显不足。在社会转型的背景下，教师的奉献精神遇到了挑战，教师的形象受到了冲击，教师的道德素质也不同程度受到质疑。因此，教师虽然在数量上基本得到保证，但教师队伍建设问题仍然是课程改革和优质教育发展的瓶颈。

我想，当前学校加强教师队伍建设的根本途径是将教师集体建设成为学习型组织，也就是要使教师集体成为教学、学习与科研紧密结合的组织。只有教师把教学、学习与科研紧密地结合在一起，提高自身教育教学水平的自觉性才能得到增强，教师自身的发展才能得到保证，也才能在创造与积累教育改革经验的过程中实现观念的转变、知识的拓展、能力的提高与道德修养的加强。

但是，教师要实现教学、学习与科研的结合需要时间。

长期以来，有一种现象已经受到广泛关注。那就是，从总体上看，我国教师的课时量低于许多国家，但实际负担却重于国外的同行。我国的教师终年忙碌，下班回家和节假日也要忙于备课，他们的健康状况已引起业内外人士的忧虑。

产生这种现象的原因固然很多，但仔细分析一下就会发现，教师经常要忙于应对许多本不必要占用那么多时间的事情。

比如，写教案一直是一个占用教师时间最多的工作。但在很多学校，教案究竟是用于教学的需要，还是用于管理的需要，却始终没搞清楚。有些学校领导同志的逻辑是，抓教学就要抓备课，抓备课就要抓写教案，因为领导不可能每堂课都到教室去听，因此，检查教案就成为领导管理教学的主要方式，教案也就成了教学水平的证明文件。于是，对教案提出了许多要求，甚至包括内容要详尽，字迹要工整，甚至要展览，要评比。于是，教师要把许多时间花在按领导的要求写教案上。其实，写教案固然是备课的一种形式，但绝不等于备课，更不一定体现教学水平，要了解教学状况必须进到课堂里去。然而，一种形式经过固化、僵化，变成了形式主义，而这种形式主义却大量地占用了教师时间。

再比如，进行教师的继续教育是提高教师水平的重要方式，但许多进修并不从教师的实际需要出发，却强求教师必须参加。有些教师对我说，现在许多进修变成了继续教育机构的商业性活动，开设了许多传授陈旧观念、老化知识的课程，不去听还不行，但却没有时间学习自己所需要的东西。这样做的结果，教育行政部门或者学校，虽然每年可以在总结时说组织了多少次学习，教师却大不以为然。

至于年初的计划、年终的总结、学习的心得、工作的体会等无尽无休的程式要求，其实，相当多的部分是可以简化或者取消的，但这些都仍被不少学校当作管理的法宝而因循甚至强化着。

所以，教师的课时量不算高而负担却很重的重要原因是我们的形式主义太多了。

要真正将教师集体建设成为学习型组织，就必须首先旗帜鲜明地反对形式主义。我真希望我们的各级教育行政部门和学校把这些形式主义的东西清理一下，并下决心去除，以求真务实的态度在教师队伍建设上下一番真功夫。

（原载《北京教育（普教版）》2004年第4期）

什么样的教师是好的教师

一个好的教师的好，应该表现在教师的追求、教师的学习、教师的修养、教师的创新以及教师的自律这五个方面。

教师的追求。陶行知说过："教育是什么？教人变！教人变好是好教育，教人变坏是坏教育。活教育教人变活，死教育教人变死。不教人变、教人不变的不是教育。"因此，教师的追求应该是使所有的学生都变得比原来更好，为每一个学生的发展服务应该是教师的追求。作为教师，最重要的是事业心，即对学生的热爱和对教育的忠诚。

教师的学习。教师的工作目标，应该是在使学生得到发展的过程中求得自身的发展；教师工作的过程，应该是在求得自身发展的过程中来求得学生的发展。学校的最终目标在于学生的发展，但学校的工作重点应该放在教师的发展上，因为学生的发展取决于教师的发展。因此，教师应当首先树立终身学习的理念，不断加强自身的学习，不断地提高和发展自己。

教师的修养。教师的修养包括学术的修养和道德的修养。有人说教学是科学，有人说教学是艺术，有人说教学不只是科学，不只是艺术，教学是修炼，这实际上是把科学和艺术融合在一起，通过反复实践的一种修炼。因此，教师应把自身的修养放到非常重要的地位。

教师的创新。由于我们现在处于变革之际，这种变革理念既有继承，又有创新，而创新是在继承的基础上的创新。因此，作为一个好教师，应该既有对过去优秀传统的记忆，又有对于未来教育的求索，并把这两者结合起来以推进教育的创新。

教师的自律。教师作为学生的榜样，其言行对学生有深刻的影响，因此教师的自律十分重要。在纷繁复杂、五光十色的社会现象面前，教师应能保持清醒的头脑。过去所说的"一身白粉，两袖清风"，对今天的教师来说依然是应有的操守。

现在，还要强调一个好的教师应当是心理健康的教师。一些专家指出，教师队伍有 20% 的人有"职业枯竭"造成的心理疾患，当然，教师在各行各业中是不是心理问题的高危人群，还应进一步调查研究。我认为教师的总体心态是好的。但应当说，教师心理问题有不断增长的趋势。其原因，一方面，是在社会急剧变革时期，原有的利益格局被打破了，原有的观念也受到了冲击，整个社会产生的浮躁心理对教师的冲击很大。另一方面，社会对教育的要求越来越高，学校承担的责任越来越多，加上教育系统引入竞争机制，这就使得教师的压力越来越大。还有一个因素是目前的学校教育，包括师范教育，在教师的心理教育方面做得很不够，因而使教师的心理素质缺乏良好的基础。

我们应该更多地关注教师的心理健康，加强对教师的心理教育和心理调适，创造更加宽松的环境，让教师工作得快乐，生活得精彩。这应当是学校和全社会共同的责任。

（原载《基础教育参考》2004 年第 9 期）

谈教师的道德与成长环境

教师的道德和整个社会所有成员的道德是有共同性的。我们现在提倡的道德包括职业道德、社会公德和家庭美德。作为教师，其道德也应该包括这三个方面。但教师道德也有其特殊性，那就是教师必须成为学生的表率。因此，对教师来说，对他的道德要求应该高于对社会一般成员的要求。北京师范大学的校训"学为人师，行为世范"应该是教师的座右铭。

当前的师德建设，应该重视抓好两个方面的工作。

一是社会应当弘扬教师美德，维护教师整体形象。应该在全社会进一步倡导尊师重教的风气。一个时期以来，教师队伍中出现了个别教师有损于教师形象的不良行为。媒体进行批评是必要的，但过多地进行这些负面的宣传报道，就会影响整个教师队伍的形象。如果毁坏了教师的整体形象，实际上也就扼杀和否定了教育的功能。因为教育本身应当具有示范的作用，如果认为教师都不是好人，那么教育怎么来搞？因此，要更多地从正面进行宣传报导。我感觉比起二十年前建立教师节时，整个社会更加"重教"，但"尊师"的氛围却淡得多了。重教必须尊师，对教师的整体形象应当维护。

二是教育部门应当加强教师教育，引导教师切实加强自身的修养。各级教育部门也要加强对教师师德的建设，加强对教师队伍的管理，引导教师严格自律。

学校应为教师创造一种什么样的环境来促使教师在工作、学习和生活方面的健康发展呢？我想至少应该有三个方面：

一是要完善教师待遇的保障机制。应该按照《教师法》的要求，不断改善教师的待遇，以吸引优秀的人才进入教师队伍。目前，"以县为主"的管理体制有助于这种机制的形成，但这种体制还需进一步制度化和规范化，特别是要加强各级政府对教师待遇的保障制度，切实落实中央提出的教师工资的省长负责制。

二是要建立学习化的教师集体。教师要适应目前面临的许多挑战，就需要建立起学习化的教师集体，把教学、学习和科研紧密地结合起来。目前我们正处于改革之中，许多新理念、新知识不断出现，教师要进行教学和科研，不学习是不行的。因此，教师的集体应该是一个集学习、教学和科研于一体的学习型组织。包括进行一些跨学科研究和个案研究，以不断提高教师自身的能力，完善自己的知识结构。学习型组织还需要教师将规范化发展和个性化发展结合起来，将创新实验与对传统习惯的反思结合起来。

三是建设良好的学校文化。学校应该创造这样一种环境，不但在物质上满足教师的要求，而且形成一种精神，形成教师共同的行为准则和价值观念，形成一种凝聚力。我建议学校应当借鉴企业管理的经验。企业运作有两条作业线：一条是生产流程作业线，另一条是人的发展流程的作业线。目前在许多学校，教学流程的这条线比较明晰，但教师发展的这条线还不太明显，还很少考虑到为每个教师的发展设计流程，这是学校文化建设中应该重点加强的。

关注教师的发展，最重要的是需要一种机制。我认为应全面落实科学发展观，建立一个教师队伍全面、协调和可持续发展的运行机制。教育的全面、协调和可持续发展的关键在于教师队伍的建设。我觉得当前应有四个倾斜：各级政府要调整支出结构，向社会事业特别是教育事业倾斜；教育内部要调整支出结构，向农村地区、弱势群体倾斜；在各类教育中应当向职业教育倾斜；在投入结构中应当向软件特别是向教师队伍建设倾斜。落实科学发展观，如果不从支出结构上进行调整，那只能是一句空话。

有人说，什么是优质教育？优质教育就等于好教师加小班化。这有一定的道理。好教师是决定优质教育的最重要的因素。因此，加强教师队伍建设是当前推进整个教育事业发展的关键问题。

目前，全社会都非常关心教育，但却没有像关心教育那样关心教师，特别是教师的发展；教育系统现在非常关心学校的建设，但是却没有像关注硬件建设那样关注教师的发展。所以，教师的发展现在依然是教育工作中的一个薄弱环节。我们必须进一步呼吁全社会尊师重教，高度关注教师的发展。

(写于 2004 年 10 月，收入《一路走来——陶西平教育漫笔》)

把教师集体建设成为和谐的团队

在上个世纪 80 年代末，我们针对当时教师队伍存在的干与不干一个样，干多干少一个样的状况，实行了学校内部管理体制改革，引入了竞争机制，这对激发教师队伍的活力发挥了重要作用。但是，也存在一种现象，就是在有些学校里，竞争变成了教师个人之间的较量，缺少了一种团队精神。

其实，在全面推进素质教育、深化教育改革的进程中，越来越显现出团队精神的重要。教育改革是一项复杂的工程，不是靠哪一个人能够单独完成的。一所学校的教育理念转化为教育实践需要全体教师的共同努力，需要依靠共同的创造性劳动，也不是各行其是能够办得到的。

所以，我们应当在教师队伍建设中倡导团队精神，营造和谐的合作氛围，树立正确的竞争观。当前，我认为应当提倡四种精神。

一是"双赢共好"精神。在去年的亚洲北京教育论坛的闭幕式上，著名的经济学家厉以宁先生在演说的开头就讲了一个新龟兔赛跑的故事：我们熟知的兔子由于骄傲中途睡着了，输给了乌龟之后，兔子很不服气，提出再赛一次。结果第二次赛跑兔子不再睡觉，当然是兔子赢了。可是乌龟又不服气，要求按照自己指定的路线再赛第三次。兔子本来以为无论怎样的路线，自己总比乌龟跑得快，没想到乌龟指定的路线中有一条河，兔子不会游泳，结果又输给了乌龟。两个动物比来比去，总是有胜有负。于是他们决定合作起来跑一次。这次，在陆地上跑的时候，乌龟趴在兔子背上，在河里，兔子趴在乌龟背上，两个同时以前所未有的速度共同到达了终点。厉先生借此说明，在经济全球化的今天，竞争不应再是你死我活，而是应当双赢共好。我想，今天学校里的竞争机制，也不应当是你死我活，而应当倡导通过竞争激发活力，最后达到共同进步，从而使学校既充满生机，又能将每个人的追求融入集体的成功之中。

二是"相互借助"精神。也是在亚洲北京教育论坛上，另一位专家提出应当将象棋思维变为跳棋思维。下象棋，总是通过吃掉对方的一个一个棋子，最后把对方的老将吃掉来取得胜利。而下跳棋则是双方都要借助对方的棋子，才可能最终将自己的棋子运到目的地。教育工作也是如此，每个教师都在进行教育创新的探索，都积累了不少经验和教训，但是常常忽视相互的学习与借鉴，以致造成有些学校和教师经常进行重复研究，有些成果和心得甚至互相保密，有的教育资源不愿共享。这实际上迟滞了改革的脚步，延缓了发展的进程。

三是"自觉协调"精神。有一种在海边群居的动物叫做海狸，据说它们能够共同搬运石块构筑堤坝以防止海浪的冲击。它们和蜜蜂、蚂蚁的群居生活有不同之处,蜜蜂有蜂王,蚂蚁有蚁王,而海狸没有王,它们不经组织就能够自觉协调。我们在学校里也要倡导这种精神。因为教育的改革与发展需要教师与学生之间的协调,教师与家长之间的协调,教师与社区之间的协调,更需要教师之间的相互协调。这种协调不应该都由领导来组织,而应当成为教师的本能。这样,才能使合作成为生存的主动需求,使和谐成为发展的自觉需要。

四是"交替引领"精神。北雁南飞,排成一行,总有一只头雁引领。但头雁并不是固定的,要由每只大雁轮流担任。因为头雁需要通过自己的拼搏来为整个队伍减少阻力,所以它的体力消耗最大,只有轮流引领才可能始终保持最快的速度。自行车的团体比赛,通常也是运用这种战术。我们的教育工作和教育教学改革同样也需要有人引领。因此,学科带头人担负着很重要的责任。但我想,如果一个学校的教育教学工作,只由一部分教师长期引领,其他教师就会习惯于跟随,那么整个教育教学工作就难以有更新的突破,就难以超越这部分固定权威的水平。其实,教师往往各有所长,在不同时期、不同方面重视发挥不同教师的引领作用,才有可能保持学校继续发展的不竭动力。

有了双赢共好的愿望,有了相互借助的思维,有了自觉协调的习惯,有了交替引领的能力,这样的教师队伍,必然是一个和谐的团队,也必然会成为推动教育和谐发展的巨大力量。

(原载《北京教育(普教版)》2005 年第 4 期)

教师的智慧

智慧的教育需要教育的智慧。当我们的教育停留在教师带着知识走向学生的时候,教师的知识是最重要的;但当我们的教育已经发展到教师带着学生走向智慧的时候,教师的智慧无疑就和教师的知识同等重要，甚至更加重要了。当然，智慧和知识是紧密相连的，但智慧毕竟有别于知识。我们的教育必须摆脱对知识的灌输和对智慧的淡忘，从而保有教育的核心价值。我们的教师也必须以高智慧应对时代对教育的挑战，才能完成当代教育改革与发展的历史使命。

1988 年 1 月，全世界诺贝尔奖获得者在巴黎发表宣言，第一句话就是："如果人类要在 21 世纪生存下去，必须回首 2500 年去吸取孔子的智慧。"这里所说的"智慧"，显然是指以道德为核心的东方文明，即做人、处世的智慧。这表明，智慧自古以来就充满着道德的内涵。因此，教师的智慧首先在于他的道德认识、道德情感和道德行为所蕴涵的正确的价值取向。把师德作为教师的第一智慧，正体现了智慧价值的回归。

教育智慧的增长是教师发展的标志，教育智慧的水平是教师专业素养的试金石。教育的功能在于通过为人的发展服务来为社会的发展服务。由于教育背景的时代性、教育对象的主体性、教学资源的广泛性、教育方法的多样性，就决定好的教育必然是共性与个性相结合、规范与机变相结合、继承与创新相结合的教育，是因时而异、因地而异、因人而异的教育。这就要求教师具有对教育活动生成和变化过程中出现的新动态的敏锐感受和迅速判别的能力，具有适时把握教育时机，选取适当方式应对教育过程中出现的矛盾与冲突的能力，具有从学生个体差异出发创造适合所有学生发展的教育的能力，具有驾驭教育过程中相互依存而又相互制约的诸多元素，实现整体优化的能力。这些能力需要知识，但只有知识是不够的，还必须依靠教师在不断的学习、思考与实践中积累的智慧。有人说，教育不仅是科学，不仅是艺术，更是一种修炼，我想是很有道理的。当然，成功的教育、成功的学校是教师集体智慧的结晶，学习型学校其实就是发展教师集体智慧的摇篮。

传统的学校教育突出了教师在教育活动中的中心地位，突出了师道的尊严，突出了教师的社会责任和道义责任，但实际却往往忽视了教师的发展，忽视了教师自身的教育追求和学术水平的提高。"燃烧了自己，照亮了别人"的红烛成为教师职业的生动写照，这固然是在赞颂教师崇高的品德，但确也带有些许对教师自我牺牲精神的感伤。其实，作为学习型组织的学校，是学校、教师和学生共同发展的地方。教师的发展是学校发展的基础，而教师的发展需要学校搭建发挥教师智慧的平台。学生是教师智慧生长的基础，教师在促进学生发展的过程中，使自身的智慧得到展现和提升，从而实现自我价值。因此，学校的发展、教师的发展、学生的发展永远是一个不可分割的统一体，教师的智慧是教师永葆青春活力的源泉。

我们深望每所学校都能成为教师放飞自己理想的天地和施展自己才华的沃野，深望每所学校校长用智慧管理，教师用智慧教学，学生用智慧学习，从而真正以教育的智慧创造智慧的教育。

（原载《基础教育参考》2005年第8期）

教师的专业情意

前不久，我在大连中山区参加区域教育发展特色示范区的评估活动中，领略了风光秀丽的中山区在教师专业发展工作上的鲜明特色。印象最深的是，他们不仅重视教师专业知识的拓展、专业能力的提高，而且非常重视教师专业情意的培养，这使我深为感动。

我们所到学校良好的办学条件、课改的成功经验、优秀的学校文化都很令人欣喜，而教师对事业的热爱和对教学创新的追求，以及融洽的师生关系、和谐的校园氛围更让我们兴奋。在参加老师们在流光溢彩的广场上举办的晚会时，那热情讴歌区内优秀教师事迹的表演，那以奔放的激情欢歌劲舞的场面，更使我们的欣喜和兴奋达到了高潮。

为了推动教师的专业发展，业务部门和学校都组织了不少培训和校本研修活动，取得了不少成效。但是，一般来说，在内容上，比较重视转变教师的教育观念，拓展教师的专业知识，培养教师的专业能力。在体制上，不少地区的培训和研修主要依靠考核制度和奖惩制度来保证。而负责这方面工作的同志也常常把这项工作仅仅当成一种业务，没有热爱，没有激情。结果有可能是冷冰冰的人以冷冰冰的方式，培养冷冰冰的教师，而这样的教师，又会以同样冷冰冰的态度对待学生。但是，在大连中山区，我感受到教师们在有情有意地工作、有滋有味地生活。我想，这可能才是教师专业发展应当追求的境界。

"专业情意"，这是一个和我们常说的"专业态度"相近的概念，而我觉得，它比"专业态度"更人文，更深刻，更有内蕴。教师的专业情意是教师对教育事业的情感、态度与价值观的融合，是教师职业道德的集中体现，也是教师专业持续发展的根本动力。

离开大连中山区以后，我的脑子里一直萦绕着一个问题：教师专业情意的内涵究竟应当怎样表述？我一直想找到一种比较确切而又凝练的说法，却总是没有满意的答案。

后来，我去南京参加夫子庙小学的百年校庆。60年前，我曾经在这里度过了一段美好的时光。在这里，我遇到了中国社会科学院前副院长刘吉以及一批科学家、艺术家和社会各界人士，他们也都是这所百年老校的校友。

当年，学校的周边虽然摊贩成群，但校园里依然书声朗朗；虽处战乱年代，但学校纪律严明、校风严谨；虽然学校的办学条件很差，但老师们组织学生开展了许多丰富多彩的文娱体育活动，校园里流淌着许多欢乐。这一切，都给我留下了终生难忘的印象。

现在，学校面貌一新，已成为享誉全国的一所名校。在举行庆典的操场上，高悬壁上的八个金光闪闪的大字映入我的眼帘，那就是孔夫子的至理名言："学而不厌，诲人不倦。"我豁然开朗，这不正是对教师专业情意的最好描述吗？

"学而不厌"就是教师要努力学习而且永不满足。这不仅是志存高远、虚怀若谷的品质，而且是积极进取、永不停步的情怀。这个"厌"字，在古代可能更多的含义是"满足"，但在这里，"不厌"也自然带有由于不满足而不厌其烦的感情色彩。孔子说："学而时习之，不亦说乎。"他指出，学习是一件快乐的事，要学习得好，必须心情舒畅。他又说："知之者不如好之者，好之者不如乐之者。"把乐学作为治学的最高境界，说明孔子已经认识到学习与情感态度有着密切的关系。这提示我们，应当引导教师从"想学"到"好学"再到"乐学"。因此，我们无论是组织教师培训还是校本教研，都不要把"学而不厌"只当成勉励学员好好学习的压力，还应当将其变为使教师专业发展充满情趣的动力。

"诲人不倦"就是教师要忠诚于教育事业，不知疲倦。这是对教师崇高奉献精神的生动写照。孔子的"诲人不倦"告诉我们：一方面，教师应当专注于自己所从事的教育事业，不动摇自己的专业信念；另一方面，教师应当永远兢兢业业，追求最好的教育效果。"不倦"不仅是一种负责的态度，更是一种充实而又乐观的精神境界。孔子从教40余年，积累了十分丰富的教学经验，创造了卓有成效的教学方法，培养了一大批有才干的学生，总结、倡导了许多宝贵的教育主张和原则，他不仅是我国古代最伟大的教育家，而且在世界教育史上也具有十分崇高的地位。作为万世师表的孔子即是"诲人不倦"的典范。因此，社会要求教师具有这种孜孜以求的事业心和责任感，但是，社会也应当为学校教育的发展创造更为宽松的环境，减少不应归罪于教师的舆论压力，从而减少教师可能产生职业倦怠的外在因素，为教师聪明才智的发挥提供更为广阔的空间。

如果我们的社会能够注重创造培养教师专业情意的环境，我们的教师也都具有"学而不厌，诲人不倦"的专业情意，那何愁我们的教育不走在世界的前列呢？

（原载《中小学管理》2007 年第 7 期）

教师的幸福感

今年年初，在北京一家宾馆的院内出现了一幕动人的场景：一群两鬓斑白的老人围着他们当年读初中时的老师，娓娓地诉说着每个人多半生的经历，并且深情地回忆着几十年来始终刻印在他们心上的老师的教导。这是一次数十年后的师生聚会，老师在这些老学生面前，脸上洋溢着无限幸福的春光。

教师的幸福大概莫过于此。教师的幸福感是教师对教育生涯满意度的主观感受，这种感受来自对现实生活的体验，更来自对未来的期待。我们说教师所从事的是一种无私奉献的事业，这是因为教师不仅有现实的目标，而且有长远的追求。

我国的基础教育正处于向更加关注内涵发展、更加关注均衡发展的方向转变。推进教育改革与发展的关键在于提高教师的整体素质，而教师的职业追求与职业情趣决定着教师专业发展的精神状态。因此，深化学校管理体制改革以激发竞争的活力固然重要，但要使学校获得持续发展的力量，更为关键的是使广大教师将教育事业的发展与追求自身的幸福统一起来。

当前，我国依法保障教师的权益，并努力改善教师的生活待遇，绝大多数教师的生活水平不断提高，这些都为教师提高对自身职业生涯的满意度奠定了物质基础。但我们对部分教师仍然存在的职业倦怠和职业困惑等问题也必须给予高度重视，因为这些问题的存在会直接影响教师实现职业理想的心理动因。

教育改革在推进过程中必然会遇到种种困难和阻力，陈旧的、烦琐的管理方式也一时难以改变，社会对学校教育本身存在的问题不断提出种种责难，对教师应当履行的义务和承担的责任要求也越来越高。这一切使部分教师感到负担越来越重，心理压力越来越大，从而产生一种职业倦怠。

实施素质教育与推进课程改革是对传统的教育理念、教育内容和教育方式的深刻变革。在这一过程中，教育事业的发展会不断出现新的矛盾和问题，而这些矛盾和问题又一时难以厘清，分寸又一时难以准确把握。如继承优良的教学传统与大胆进行教育创新的关系问题，保持良好的教育秩序与大胆进行教育实验的关系问题，全面提高学生素质与保持良好的应试成绩的关系问题，开展正常的教育活动与确保学生安全的关系问题等。在诸多矛盾面前，部分教师也容易产生一种职业困惑。

幸福感来自现实与期待的比较。因此,调整教师自身的主观期待,使之更加理性固然重要,而为增强教师的幸福感创设更好的外部条件,无疑也是十分重要的。

要为教师的发展创造更为和谐的氛围和更为宽松的环境,如努力改进教育行政部门和学校的管理方式,以减轻教师不必要的工作负担;推动学校学习型组织的建设,为教师的提高与创新提供更为广阔的空间;建设校园的情趣文化,以最大限度减轻教师的心理压力;改善社会舆论环境,以真正形成尊师重教的良好风气等。总之,我们需要给予教师更多的理解和关怀。

同时,要进一步厘清教育改革与发展的思路,明确教育事业前进的方向及实施步骤,明确教育工作统一的评价体系,明确对教师工作的真实要求。要排除片面的政绩观对教育目标的干扰,排除两根"指挥棒"造成的无所适从,把政府的希望、学校的要求与教师的追求统一起来,使教师解除困惑,明明白白地做事。

只有这样才能使广大教师具有更加深广的教育情怀、更加明晰的工作目标,从而通过自觉地推动事业的发展实现个人的价值,体验成功的幸福与快乐。

胡锦涛同志在六一儿童节时,祝全国小朋友勤奋学习,快乐生活,全面发展。我想,没有快乐的教师就难有快乐的学生。所以,我们有责任为教师的幸福与快乐创设条件,而教师也应当在为学生创造幸福与快乐的过程中,加深自身的幸福体验。

(原载《基础教育参考》2007 年第 8 期)

创造良好的教师专业发展文化

近年来,中国的教育事业经历了一个令世人瞩目的快速发展的时期。到 2006 年，在校就读的学生共约 2.3 亿人。但是，教育规模的迅速扩大也带来了数量增长与质量提高之间的矛盾。要解决教育质量的提高相对滞后的问题，最关键的是要做好教师队伍建设这篇大文章。

半个世纪以来，我国的教师队伍建设取得了显著的成果。到 2006 年，从事基础教育工作的教师约 1100 万人，教师的数量基本可以满足教育事业发展的需要。但是同时，教师队伍的建设依然存在相当多的矛盾，主要表现在：（1）教师队伍出现了一种结构性的不协调。其中包括地区结构的不协调，优秀教师主要集中在城市和发达地区；学科结构的不协调，外语、艺术等学科的教师明显缺乏；体制结构的不协调，公办学校教师的数量基本可以得到保证，而民办学校教师的数量还难以满足需求。（2）教师队伍的整体素质与全面实施素质教育、推进课程改革的要求不相适应。其中既包括专业理念、专业知识、专业能力的不适应，也包括专业情意的不适应。我们在这里所说的专业情意主要包括教师自身的情感、态度和价值观。

联合国教科文组织早在上世纪 70 年代就在其重要文献《学会生存——教育世界的今天和明天》中指出，加快教师专业化的进程是提高教师质量的成功策略。中国完整意义上的教师专业化进程应该是从 1902 年京师大学堂师范馆的设立开始的。从那以后，中国才开始有专门培养教师的机构。国际上关于职业的专业化一般有 6 条标准：（1）有专门的知识；（2）有比较长时间的专业训练；（3）有专门的职业道德；（4）有自主权，能根据自己的专业进行判断和决策；（5）有组织，如行会、学会组织等；（6）需要终身学习。以此标准衡量，教师职业具备专业的职业特征，所以，它是一个专业的职业，它与所有专业的职业一样，具有不可替代性。

近年来，中国正在加快教师专业化的步伐。比如，国家规定了教师的学历标准，有对教师的职业道德要求，制定了较为严格的教师资格制度和教师继续教育制度，等等。但一百多年来，有关教师专业发展的种种努力并未使教师专业化的整体水平提高到预期的程度，原因之一，是在教师专业发展的道路上仍然缺乏一种明确的导向和良好的氛围。所以，在加强对教师专业发展的规划，增加对教师专业发展的投入的同时，努力创建一种良好的教师专业发展的文化，解决好价值认同的问题，这是教师专业发展工作健康运行的重要保障。

建设教师专业发展文化应从以下几个方面着手。

1. 目的文化建设

目的文化建设主要涉及教师专业发展的服务性问题。对于教师专业发展的目的性，我们应该有一个价值认同，即在职教师的专业发展是在为全体学生的全面发展服务的过程中实现的。

当前在教师专业发展问题上出现了两种值得注意的倾向。(1)将学习经历等同于教师的专业发展水平。毋庸置疑，教师的学习经历对于他的专业发展有着重要的影响，因此，给教师提供各种学习机会对他的专业发展会起一定的作用。但如果其学习的内容与实际教学工作结合得不紧密，那么，它也很难内化为教师的专业素质。(2)在教师专业发展过程中缺乏对学生的研究。这是一种特别值得关注的倾向。有些教师不去研究自己所面对的学生的个性，他们以为自己通过学习，了解了一些规律性的东西，了解了学生的共性，自己的专业发展就实现了。我们可以想一想，一个不对病人进行诊断的医生怎么能开出治病的良方呢？所以，建设教师专业发展的目的文化，就是要突出强调研究学生的个性，为学生发展服务。

2. 动力文化建设

动力文化建设主要涉及教师专业发展的人文性问题。教师是在专业发展的过程中体验自身的价值和成功的快乐的。现在，一些教师由于工作任务繁重，加之社会对教师职业的理解程度不够，所以，产生了较严重的职业倦怠，这种职业倦怠对他们的专业发展会产生极为消极的影响。所以，消除教师的职业倦怠，使教师感到自己的工作充满情趣是一个非常重要的课题。很显然，一个困倦的人是很难让别人打起精神的——一个困倦的教师很难让学生打起精神，而一个困倦的负责教师专业发展的工作人员也很难让教师打起精神。

3. 途径文化建设

途径文化建设主要涉及教师专业发展的主体性问题。教师是自身专业发展的主体，教师的学习理念要与我们要求学生应该有的学习理念保持一致。当前在职教师的继续教育正面临三个大的转型：（1）由教师培训到教师的专业学习；（2）由短期的培训课程到适应终身发展需要的课程；（3）由以高等院校和专门的培训机构为主的自上而下的模式，到以自我发展为导向，高等院校、培训机构与中小学合作的模式。所以，现在的教师培训应该从学校来，而又为了学校；从教师来，而又为了教师。我们的培训工作者经常要求教师在教学过程中发挥学生的主体作用，但我们在培训工作中是否注意发挥教师的主体作用了呢？这也许是培训者应该经常追问自己的一个问题。

4. 组织文化建设

组织文化建设主要涉及教师专业发展的团队性问题。教师应该是在学习型组织中成长的，因为学习型组织的建设所产生的凝聚力能使教育的总体效益大于教师个体效益的总和。我们在实践中常常鼓励教师之间的竞争，这会给整个学校的发展带来活力。但是，如果这种竞争是一种排他的而非相互借鉴、相互吸取对方经验的竞争，那么，教师队伍专业发展的整体速度就会放慢。因此，我们应当大力倡导教师之间的交流合作与知识共享。学校在推动教师专业发展的过程中，应当注意发挥每个教师的优势与特长。

5. 效果文化建设

效果文化建设主要涉及如何认识和评价教师专业发展的效果问题。在这个问题上，我们应当采取更加务实的态度。

多年来，我们在促进教师专业发展方面做过种种努力，在总结已取得的成绩时，我们可以历数曾经做过的很多工作。但是，我们推进教师专业发展的最终目的是为了提高教育质量，解决教育面临的这样或那样的问题。如果这样或那样的问题并没有得到解决，教育质量并没有提高，那么，尽管我们做了许许多多的工作，也还是没有达到应有的目的，没有看到我们所追求的目标的实现。

要进步就需要有变化，但变化并不意味着进步。如果我们只能说出我们的工作有了多少变化，而不能说出我们有了多少进步，那么，这种变化也是没有意义的。正如我们在评价基础教育课程改革的效果时需要追问"我们进行了那么多的改革，做了那么多的实验，现在，学生的负担是不是比以前减轻了，体质是不是比以前增强了，价值观是不是比以前正确了"一样，我们在评价推进教师专业发展的工作效果时，也要回归到目的本身，多问几个"怎么样"。总之，在推进教师专业发展的过程中，我们应该防止工具理性的膨胀和价值理性的缺失。

综上所述，加强教师专业发展文化的建设，从而创造一种良好的教师专业发展的氛围，使教师专业发展始终保持正确的方向，是一个十分值得关注的问题。

（原载《中小学管理》2007 年第 11 期）

风采忠诚铸就

"5·12"大地震是对中国的考验，也是对中国教师队伍的考验，在那一刻，震区教师以大无畏的英雄气概谱写了一曲曲动人的战歌。英雄谱上留下了谭千秋、张米亚、瞿万容、刘宁、杜正香、周汝兰、何代英、叶志平、向倩等许许多多光辉的名字。英雄的教师感动了中国。

大地震刚过不久，我即接到一份四川成都师范附属小学（以下简称成师附小）送来的珍贵的资料。在地震发生的那一瞬间，学校操场、院落、楼梯、各楼层的走廊的监视器，真实地记录了师生在紧急状态下的表现，他们将这一记录汇制成光盘，取名为《震撼中的震撼》。看了这一光盘，我的心真是为之震撼了。

这份记录，没有华丽的辞藻，没有修饰与雕琢，只是一幅幅在剧烈晃动的通道上师生跑动的画面，但它却如此厚重，如此感人，展现了教师群体用对人民的忠诚铸就的风采。

有些人总在演绎在大灾大难面前人的本性，仿佛利己、怯懦是人之常情；有些人总在剖析法律规范的底线，仿佛不触犯法律就可以无愧于心。在成师附小的这份记录面前，这些演绎和剖析都显得苍白无力、黯然失色。因为教师们用自己在第一时间的反应，回答了什么是教师的本能。

"5·12"地震突如其来，是任何人都没有预料到的。成师附小的监视器，忠实地记录了无情的大地震中那最有情的一瞬间。

我们看到了那一刻的走廊——教师们在惊诧的同时，迅速地引导学生疏散，他们像是一位位指挥员，学生们在他们的引领下，有序地跑向楼梯口。直到学生全部疏散完，教师们才走。

我们看到了那一刻的楼梯——教师们呵护着学生鱼贯而下，急促但并不慌乱，紧张但没有哭喊，正是在这最容易发生挤压、碰撞的地方，我们读到了"平安"。

我们看到了那一刻的院落——这里，孩子们在教师的指挥下聚集；那里，学生们在乒乓球台下避难。而不少教师又重返仍剧烈晃动的楼房里检查，为的是不留下哪怕一点点遗憾。

我们看到了那一刻的操场——领导干部在组织，在安排；教师们在劝抚，在慰勉。他们是那样精心，那样镇定，那样专注。等把所有孩子都安全地送到家长手中，已是灯火阑珊。

……

看了这份珍贵的记录，我们很难回答究竟谁是英雄，但又可以毫不犹豫地说，我们看到了无数的英雄！如果，有一位教师在危难时刻挺身而出、义无反顾，那么，我们会真诚地向他投去敬佩的目光；如果，在严峻的考验面前，一个群体中的所有教师都能展现出如此自然而又豪迈的壮举，我们就不能不由衷地为之感动了。

成师附小是一所名校，今年迎来百年华诞。在校庆 100 周年之际，他们以真实的记录向人民交上了一份满意的答卷。

我们常说，名校之所以出名是因为有名师。的确是这样，名师就像夜空中闪烁着的点点耀眼的星光。但从成师附小的这份答卷中我们看到，名校真正出名，更在于它有一个优秀的教师团队，就像满天璀璨的繁星装点着无垠的夜空。

教师专业发展是当今教师教育的主题。在促进教师专业发展的过程中，我们特别关注教师专业知识和专业能力的提升，这无疑是正确的。但是，"5·12"震醒了我们。它提示我们，比专业知识和专业能力更重要的是教师的专业情意，是教师的职业良知。这不仅需要学习，更需要长时间地在一个和谐的集体里锻造、修炼。

我想，人们可以为成师附小的百年华诞送上许多赞美，可以从她的世纪路程中得到许多启示，但最令人震撼的应该是，成师附小始终着力于建设并且已经形成了一支人民可以信赖、可以托付的教师队伍，他们用生命书写着两个大字——忠诚。

这是百年成师附小最大的辉煌，也是中国教师队伍最大的光荣！

（原载《中小学管理》2008 年第 8 期）

"态度决定一切"

有幸应邀参观 TIP（Total Immersion Program）的一期学习活动。

这是一种通过营造全英语的环境来提高学生口语能力的教学实验。这一期有 400 多位学员，学员大多是中小学的英语教师。

在我随意走进的一间教室里，学员们正在用英语交谈几天来学习的感受，虽然都已是成年人，但他们个个身上洋溢着青春的活力，有的学员连说带比画，有的学员边想边争论，热闹非常，外教只是站在一边，满面笑容地听着。在另一间教室，一位学员正在带领大家唱自编的反映学习生活的歌曲，教师和大家一起唱，一起笑。愉快的歌声，爽朗的笑声，弥漫在整个教室里，这里成了一片欢乐的海洋。

这项活动在北京大学昌平校区进行。学员进校后，经过短暂的动员，就开始了 21 天严格的只许使用英语的全封闭的生活。这样的生活保证了学员们在离开这里的时候，英语口语能力大大提高，思维方式也有一个大的改变。

我国的英语教学费时费力，学生的口语难以过关，这是公认的事实。而在这里，我看到了摆脱应试干扰后的英语教学的实效。我饶有兴趣地与一位来自河北的教师学员和一位来自企业的从事公关工作的学员进行了交谈。他们的话使我感到很意外，他们都说，在这里，最大的收获不是英语水平的提高，而是对英语、对工作、对生活的态度的转变。而这也正是 TIP 倡导的核心价值："态度决定一切。"

学员们说，态度的变化表现在，过去把英语当成一门学科，把学习英语当成一项任务，即使认真但也没有兴趣，即使刻苦但也没有激情，即使有开口的愿望，但也没有开口的胆量。而在这里，大家把英语当成了生活，把学习英语当成做生活的主人，有了兴趣，有了激情，有了胆量，所以才有了好的效果。

北京市朝阳区已经连续 4 期送教师来这里学习，这一期就有 90 多位教师参加。他们还计划今后把有一定基础的非英语学科的教师也送来培养。领队的北京教育学院朝阳分院的教师告诉我，他们最看重的就是教师们态度的转变。

我又带着问题与他们探讨，是什么因素影响学员态度的转变呢？他们异口同声地说，生动活泼的氛围、相互激励的环境、广泛参与的机会、科学设计的流程固然是重要的因素，但更重要的是贯穿其中的组织者和辅导教师的工作激情、敬业精神和乐观的心态。也就是说，影响学员态度的是组织者和辅导教师的态度。

原来还是"态度决定一切"！

这里有一位从事这项活动 20 余年的余国良博士，他潜心于改变中国人学习英语的方式的研究，设计出适合中国国情的有效的教学模式。这里有 40 多位外籍教师，他们以自身的情感和行为为学员做出了榜样，使学员们懂得了应当怎样对待生活和工作。

一开始，我曾想，这里实行小班教学，能为学生提供更多的参与机会。但组织者告诉我，只是小班上课，可能使学生接触面狭窄，不利于态度的转变和水平的提高，所以，他们采用了大小班相结合的教学方式。我走进了一个有 200 多名学员一起上课的大课堂。在辅导教师的精心设计和组织下，课堂也是那么活跃，参与面也是那么广，气氛显得更为热烈。大班教学只能以讲授为主的观念在这里受到挑战。由此我体会到，教学的创新、问题的解决，实际上也取决于态度。

当前，教师的专业发展已经成为提高教育质量的关键。我们改革了师范教育，强化了教师教育，制定了教师继续教育的制度，加大了对教师培训的投入，开展了多种教研活动，这些都为拓展教师的专业知识、提高教师的专业能力创造了良好的条件。但是，我们却在一定程度上忽视了对教师专业态度的关注。

《北京市中学各科教师队伍专业发展调研报告》对教师职业心态的调查结果显示，有 12.9% 的教师表示毕业后分配到这个岗位，现在仍不喜欢教师职业；19.7% 的教师表示别无选择，不喜欢做教师也得做。而市区级骨干教师中竟然也有 23.2% 的人表示不喜欢教师职业，这个比例比 1999 年上升了 18.5 个百分点。对当前不能达到教育目标的归因，只有 7.5% 的教师认为应该从自己的工作中找原因，绝大多数教师把原因归结为外部条件不好。

我们当然不是要责备教师，但的确有必要唤起对教师专业态度的关注。如果说，TIP 所倡导的"态度决定一切"有一定道理的话，那么我们就可能需要认真反思一下对影响教师态度的问题的态度了。

(原载《中小学管理》2008 年第 9 期)

也谈教师的"批评权"

教育部在前不久印发的《中小学班主任工作规定》中明确指出："班主任在日常教育教学管理中，有采取适当方式对学生进行批评教育的权利。"规定颁布以后，就教师的"批评权"话题，各种媒体展开了热烈的讨论。

这个话题之所以引起广泛的关注，当然是由于在对学生的教育问题上，社会各界存在着许多困惑。其中之一是，面对学生在行为方式上存在的缺点、错误，教师出于多种原因，不愿或者不敢对学生进行必要的"批评"。由此，讨论延伸到不仅班主任应该有"批评权"，而且任课教师也应当有"批评权";"批评"不仅是教师的权利,而且是教师应尽的义务,等等。

这种讨论无疑是有益的。但我认为,为了深化教育改革,全面推进素质教育,还应当对这一问题进行多角度的思考。

首先,我们对教师教育工作的现状要做更加全面的分析。一方面,对学生存在的缺点和错误置若罔闻、放弃管教责任的现象确实存在;另一方面,不考虑方式方法、不尊重学生人格、变相体罚甚至体罚的现象也屡见不鲜。这两种倾向都值得我们关注,都需要防止。素质教育倡导以人为本、尊重学生在发展中的主体作用,这是我国教育工作重要的观念变革,这种变革不是一朝一夕就能完成的。在这一过程中,我们对出现的新的偏差必须予以高度重视。总之,任何时候,我们都不要在谈论一种倾向的时候,忽视了另一种倾向的存在。这样才能使我们的认识更加全面,使我们的工作更加协调,使我们能够更加科学地实现教育改革的目标。

其次,我们对教育过程中"批评"的作用也要有更为准确的把握。其实,"批评"和"表扬"一样,都是为取得良好的教育效果而采取的必要方式。正如医生治病,关键在于所用的药要对症。所以,我们绝不能只把"批评"当成教师的一种"权利"来行使,我们更应关注的是教师是否采取了"适当的方式",而采取"适当的方式"的先决条件是了解教育对象的特点。因此,教育工作者不能只满足于获得了"批评权",而要更注重行使这种权利的效果。"批评"也好,"表扬"也罢,都是为取得好的教育效果服务的。由于学生的情况不同,所以即使对同一种问题,教师的处理方式也要有所不同。当然,规定必要的限度,使教师在"批评"学生时减少顾虑,是有必要的,但教师即使行使了规定允许的"批评权",如果效果适得其反,那也不应当是教育工作者的追求。

再次,我们要把"批评"和"表扬"一样,当做一门艺术。"批评"的内容、方式、语态、时机不仅体现教师的责任感,也体现教师的水平,更检验教师的人格魅力。因此,如何使用"批评"的手段,关键在于我们是否真正尊重学生、理解学生。青少年处于身心发展的关键期，自尊心需要呵护；学生身上存在的许多缺点、错误，常常是其生理、心理、思想、行为都还不成熟的表现。因此，教师应当站在学生的角度分析问题，在一种和谐的师生关系的氛围中，以一种尊重学生的态度行使"批评权"，这样才能使学生乐于接受"批评"，取得预期的效果。

最后，我们应当更加关注学生的"批评权"。所谓"批评"是对行为人的错误提出意见。而学校教育的民主性，正在于师生的平等地位，在于各种不同见解的充分交流，这是现代教育教学活动的重要原则。因此，如果我们将"批评"视作一种权利的话，那么，学生同样应该具有"批评"教师的权利。我们培养创新型人才，重要的是要发展学生的批判性思维。当然，批判性思维并不等同于"批评"，但是允许并鼓励学生勇于并善于提出不同的意见，包括对教师的不同意见，无疑是教育改革的重要任务。从这点来看，倡导学生行使"批评权"，在当前可能更为迫切，更有挑战性。

总之，没有"批评"的教育是不完全的教育，但是，绝不是有了"批评"的教育就一定是完全的教育。我们希望有关"批评权"的讨论，能为学生的全面发展带来更具品位、更具生气的动力。

（原载《中小学管理》2009 年第 11 期）

"复兴始于教师"

2010 年 10 月 5 日是联合国国际教师节，主题是"复兴始于教师"。联合国四大主要机构——联合国教科文组织、联合国开发计划署、联合国儿童基金会和国际劳动组织的负责人共同表示："教师是教育系统的核心，如果没有足够数量的训练有素的、专业的、有积极性的教师，我们就有违背我们 10 年前在世界教育论坛上对全球儿童和青少年所作出的承诺的风险——到 2015 年普及教育。"

联合国提出"复兴始于教师"表明，教师队伍建设已成为当代世界教育事业发展的共同的关键因素。

各国加强教师队伍建设新的动向主要表现在以下方面。

1. 改善教师来源。2010年11月24日，英国教育部公布了学校教育白皮书《教学的重要性》。其核心之一就是将教师素质与师资培养视为未来革新的重点。该白皮书表示，要招募并训练更好的教师；拓宽师资培养的多元入学管道，增设一条名为"接下来，教学"（Teach Next）的新的培训管道。这个管道旨在招募具有优秀学业成绩及良好人际关系的中途转行进入教育界的人，提高师资培养候选人的标准。新加坡政府提出，为了提升教师的专业素质，国家只录取每批大学生中最优秀的1/3加入教师行列。

2. 改革培养方式。针对教师教育过于学术化而缺乏教育实践的弊端，一些国家强调把教育实习作为教师教育的核心环节。美国国家教师教育认证委员会提出了一份有关美国教师教育的政策建议报告。报告认为，美国需要将教育实习作为教师教育的核心环节，以建立更加高品质的师资培养机制。报告指出，教师教育机构应为师范生提供充分的教育实习机会，高等教育机构与中小学应分担师资培养责任。中小学应更好地协助高等教育机构设计教师教育课程，安排师范生实习并对其表现给予客观评价；应加强在职教师对实习师范生的指导，建立相应的培训和奖励机制，支持和奖励在职教师向实习师范生提供有效的教学指导等。法国也在积极改革教师培养方式，首先是增加受训学员的教学实习活动。从2006年开始，法国教育学院进入第二年培训的学员，必须在全学年给一个班的学生每周上一次课。

3. 重视专业发展。国际著名的咨询机构麦肯锡公司公布了一份名为《全球进步最快的教育系统如何保持持续进步》的报告。报告指出，新加坡教育正在从优秀走向卓越。报告将其归功于新加坡政府高度重视提升教师的专业素质。报告非常认可新加坡为提升教育团队的整体素质而实行的一系列措施。比如，为教师和校长设计了领导、教学和教育专家的不同的职业发展轨道，把现任教师每年的培训时间增加至100小时，对学校管理人才实行导师制等。

4. 提高教师地位。许多国家借鉴"双因素激励理论",一方面重视激励因素,另一方面重视保健因素,以实现教师内在的满足感和外部刺激因素的完美结合。2010 年 11 月 11 日,俄罗斯总理普京强调,国家将大幅度提高教育工作者的素质和社会地位,并将为此出资和创造条件,为更多的人提供进修机会。新加坡正在推行中小学教师"职业延续模式"。该模式采用课程积分的办法,把教师的常规学习和文凭提升结合起来。这样,教师不仅能提高专业素养,而且可以通过参加国立教育学院的培训积累学分,获得更高层次的专业文凭。

5. 调整师生比例。英国伦敦公立小学和公立中学的师生比从 2005 年到 2010 年呈逐年下降趋势,公立小学的师生比从 1:22.8 降到 1:21.2;公立中学的师生比从 1:16.5 降到 1:15.1。新加坡教育部计划,小学师生比从 2009 年的 1:20 降至 2015 年的 1:15;中学、初级学院的师生比从 2009 年的 1:16 降至 1:13。日本文部科学省近日公布了"2011—2018 年教职员工定编改善计划方案",所有公立小学和初中的班级规模都将由现行的 40 人减少为 30—35 人。

我想,世界教师队伍建设的上述动向应当能够给我们许多启迪。

(原载《中小学管理》2011 年第 8 期)

戒 躁
——送给班主任老师

学校里最忙的教师当算是班主任了。现在,班主任的工作大概都忙在这样几个必不可少的方面:一是完成学校领导布置的工作和组织本班参加全校性的活动;二是为其他任课教师创造良好的教学环境;三是与学生家长保持联系,沟通学生的情况,交换教育的意见。然后,才是根据班集体和学生的情况,安排教育活动和进行必要的管理。

班主任的工作范围涉及上上下下、左左右右,工作时间包括课上课下、校内校外,确实十分辛苦。如果工作基本顺利还好,如果每天总是出点这样那样的问题，再加上一些学校对班主任工作的评估又不甚得法，班主任的压力可想而知。于是，有些班主任就不仅忙得很，而且也烦得很。

班主任也是人，烦了就会表现出来，甚至需要发泄。于是，学生往往就会首当其冲地成为发泄的对象。我们常常听到有些学生说，今天班主任发火了。这种发火，有时是冷嘲热讽，有时是怒斥谩骂，更有甚者，就会对学生进行变相体罚，甚至体罚。

班主任的这种态度，常常会被对学生的严格要求这一借口所掩盖。对学生的严格要求，是班主任应有的责任。在某些情况下，以严肃的态度，加深学生对自身错误和缺点的认识，也是可取的，可是这与那种粗暴、那种发泄，有着本质的不同。一个好的班主任，一定要善于控制和调节自己的情绪，一定要充分意识到自己的情绪对学生心理健康、对学生自信心的巨大影响。现在，学生由于种种原因造成的心理障碍和心理疾患，甚至由此引发的令人痛心的悲剧，已经日益引起广泛关注。我们的责任是尽全力化解，而绝不能再火上浇油。

有些班主任老师认为，自己的态度不好，今天学生虽然不理解，但将来，他们总会明白自己的用心的。这不禁使我想起印度一个古老的故事。一个人总是爱发脾气，从不顾及别人的感受，伤了许多人。他想改，但是一遇到不顺心的事，就控制不住自己。他问他的父亲自己应当怎样做，才能改掉这个毛病。他父亲教他，今后你每发一次脾气，自己就在木围栏上钉上一颗钉子来提醒自己。于是他就这样做了，开始的时候，钉的次数很多，渐渐地钉得越来越少，最后他告诉父亲已经没再发脾气了。他的父亲又教他，如果一天你没有发脾气，你就拔掉一颗钉子，他又按照父亲的话去做了。终于有一天，他把所有的钉子都拔掉了。他告诉父亲，父亲夸奖他勇于克服缺点。但同时又把他领到围栏前，对他说："你看，钉子虽然拔掉了，但每一颗钉子都留下了钉孔。你伤了一个人的心，就仿佛是在他的心上钉了一颗钉子，即使你拔掉了，也依然会留下伤痕。"这个故事阐明了一个哲理。我想它给我们的启示是绝不能放纵自己的态度，班主任教师应高度重视教育过程中的行为对学生情感的影响。

在社会处于转型的今天，相当普遍地存在一种浮躁心理。班主任在完成培养未来的建设者和接班人的历史使命中负有重要责任，为了下一代的心理健康，我希望大家都能以戒躁共勉。

（原载《北京教育（普教版）》2003 年（增刊））

把每一个孩子都放在心中

有些老师常爱开玩笑地说，班主任是天下职位最低的主任，是天下权力最小的主任。但所有做过班主任的同志都深知自身责任的重大，都深知自身对学生的成长所产生的巨大影响。班主任是做什么的呢？我国 1988 年颁布的《中学班主任工作暂行规定》就曾经指出："班主任是班集体的组织者、教育者和指导者，是学校领导者实施教育、教学工作计划的得力助手。班主任在学生全面健康的成长中，起着导师的作用；并负有协调本班各科的教育工作和沟通学校与家庭、社会教育之间的联系作用。"可见班主任在学校教育中地位的重要。

我们正在为实现全面建设小康社会的目标而努力。这就既需要人才辈出，又需要人尽其才。基础教育正是为人人成才打基础的事业，因此，必须首先相信人人可以成才。

根据许多国内外专家学者的研究，一个人在学校学习期间的课业学习成绩和他在步入社会以后的成就的相关系数不过 20% 左右。而每个学生的全面素质和个性特长，对未来的发展却有着更大的影响。因此，在我们的班级里，哪一个学生在未来可能创造辉煌的业绩，是很难预测的，但可以断言的是每一个学生都有成才的可能。我很赞赏在研究学生观时，有一种"根雕理论"。树根漫山遍野都有，在我们的眼中，可能许多都是无用或者平庸之物，但是根雕艺术家，用欣赏的目光去看待它们，就会从神从形发现它们可以成为艺术品的潜质。所以，班主任的最大责任就是发现每个孩子的优点，欣赏每个孩子的优点，发展每个孩子的优点，最终使每个孩子的优点成为他成才的基础。

由于受到目前片面重视学业成绩的思想的影响，当前班级工作存在的一种值得重视的倾向就是，学业成绩优秀的学生成了荣誉的专利所有者，甚至于被明星化。而其他同学成了班级工作的陪衬，甚至于生活在班级的被遗忘的角落里。这就如同将可以成材的树根弃之荒野，极有可能在我们试图培养人才的同时，实际埋没了人才。所以，班级工作以人为本，就是班主任要把每一个学生都装在心中，尊重每一个学生，让每一个学生都有成功的体验，为每一个学生的发展服务。我们还应该懂得，一个学生在你心中有多大分量，你也就在这个学生心中有多大分量。

最近，有些学校开展了一项非常有意义的活动，就是进行教育的反思。每位老师从自己教育学生过程中的案例，反思成功的经验和失败的教训，并且从理论上探索成功与失败的原因，从而进行教育创新的尝试。我想，这是提高教师教育教学水平的重要途径，无疑也是提高班主任工作水平的有效途径。我很希望"紫禁杯"优秀班主任的获奖者能带头做好这项工作，使我们对班主任工作的认识达到新的高度，把全市的班主任工作推进到一个新的水平。

（写于 2004 年 10 月，收入《一路走来——陶西平教育漫笔》）

增强改革的紧迫感

曾经有一部电影，在用旁白介绍人物时幽默地说："他是天下最小的主任——班主任。"其实，在孩子的一生中，最初接触的最大的领导就是班主任，而且，那常常是他们心目中永恒的权威。

当代学校制度是建立在班级授课的基础之上的，因此，班级成为学校基本的组织单位，班主任当然也就成为学校管理体系中的重要成员。学校的日常活动多在班级中进行，因此班主任的管理水平直接影响到学校工作的正常运行。所以，班主任应当具有管理者应有的知识、能力和素养。教育行政部门规定班主任必须经过专门的培训持证上岗，就是把班主任作为一种专业职务看待，这种职务具有不可替代性。

应当说，建立正常的秩序并帮助学生取得良好的学业成绩是班级管理的要求。但是，如果我们的班主任工作只停留在这个层次，就难以应对学生在发展过程中的诸多需求。因此，在推进素质教育的进程中，班主任在工作中需要增强改革的紧迫感。

我想，当前进一步提高班主任的工作水平，促进班主任的专业发展，关键在于树立以学生的发展为本的班主任观，即要增强班级工作的服务性、全面性、民主性、协调性和个性。

班主任工作的服务性在于班主任心中要装着每一个学生，要为每一个学生的发展服务。班主任不能简单地用对班级整体的关注取代对每个学生的关注，更不能用对部分学生的关注取代对所有学生的关注。班主任服务的前提是了解学生、研究学生。没有对每个学生的了解与研究，就难以实现具有针对性的引导，更难以有促进每位学生发展的实效。所以，班主任学首先是人学。

班主任工作的全面性在于班主任要把工作的基点放在学生全面素质的提高上。有些同志为了建立严格的班级纪律，采取压制的方式，甚至对学生进行体罚或者变相体罚。有些同志为了使班级取得良好的学业成绩，不断加重学生的课业负担。这些做法也可能产生一时的表面效果，但却严重地影响了学生的身心健康。这种以工作的片面性换取班级荣誉的做法违背了国家的教育方针。所以，班主任在工作中一定要以促进学生的全面发展为本。

班主任工作的民主性在于建立师生之间的平等关系，使学生成为班级的主人。班级是培养学生公民意识与能力的重要阵地，公民意识与能力的核心是实现行使公民权利和履行公民义务的统一。学校教育是使学生社会化的过程，因此，学生是从在班级里做一个好学生，逐步学会进入社会后做一个好公民的。培养学生的民主意识和参与能力与班主任的民主作风有着密切的关系。所以，创造和谐的班级氛围，做学生的知心朋友，是班主任人文精神的集中体现。

班主任工作的协调性在于班主任是教师集体的组织者，是实现学校与家庭、社会教育一体化的桥梁。班主任应当使学生在教师集体的共同帮助下，在家庭教育与社会教育的共同配合下健康成长。我们不能将班主任理解为班级工作的唯一责任人，更不能将班级的管理和德育理解为只是班主任的事。班主任要善于组织所有任课教师了解学生，研究学生，要善于协调所有教育资源，使其发挥教育功能，从而在教育活动中体现目标和行动的一致性。

班主任工作的个性在于班主任要通过风格与情趣的引领，建设班级文化，形成班级特色。规范化是班级建设的基础，而形成特色才是对班级工作的最高要求。一个达到规范要求的班级是合格的班级，而一个同时具有特色的班级才是优秀的班级。目前，一些学校已经着手改善对班级的管理。比如，不是简单地采取对班级的出勤、纪律、卫生等方面的情况进行检查评比的办法来管理班级，而是倡导师生共同提出阶段性的班级建设目标，自我诊断，自我评价。这无疑有助于师生主动性的发挥和班级特色的形成。

班主任是学校中最为辛苦的教师，他们理应受到社会格外的尊敬，他们的专业发展也理应受到教育行政部门的格外关注。我们热切地期待在以学生的发展为本的班主任观的引导下，班主任中能够涌现出更多的榜样，创造出更多的新鲜经验。

（原载《基础教育参考》2007 年第 9 期）

培育高素质的校长队伍

在相同的外部条件，相同的内部管理体制下，不同的学校，对校长履行职责水平的反映并不一定相同，对现在校长的权力究竟是大、是小还是合适，看法也不尽一致。这与学校成员的素质，首先是校长的素质有着密切的关系。因此，培育一支具有高素质的校长队伍是提高学校管理水平的重要保证。

评价一位校长要看他的实力、能力、潜力、活力和魅力。有的同志提出，除了上述五条，还应当加上一个定力，即自我约束的能力。我想，这些应当成为任用校长和提高校长水平的重要依据。

当然，管理体制是学校管理活动稳定的基础，但在任何体制下，都有校长发挥主观能动作用的空间。有的同志说：有了一位好校长，就有一所好学校，没有人才他可以会聚人才，有了困难他可以摆脱困境；反之，如果没有一位好校长，有了人才也会逐渐流失，没有困难也会制造矛盾，我想是有道理的。

因此，一般来说，当校长和多数教师之间产生隔阂与分歧的时候，校长应当更多地反省自身的思想与作风。当前，校长的民主作风是校长修养的重要课题。我想，校长应当重视对自身地位的认识，对以人为本精神的理解，以及对学校和谐文化建设的关注。

校长是学校的管理者，而管理首先是服务。要为完成学校承担的任务服务，要为社区和家长服务，要为教师的教育教学工作服务。校长行使被赋予的权力是为了更好地服务。因此，不能滥用权力，更不能以权谋私。

校长以人为本精神的重要体现，是为学生和教师的发展服务。从教育目标看，教师在为学生的发展服务的过程中得到自身的发展；而从教育过程看，教师则是在自身的发展过程中实现为学生的发展服务。关心教师的发展与关心学生的发展是完全一致的，这正是现代学校的重要特征。因此，应当借鉴企业"双作业线"的理论，校长在有明晰的教育教学工作流程的同时，也应当有明晰的为每位教师发展服务的工作流程。

学校和谐文化的建设则是学校良好的、持续的发展环境与氛围的保证。学校是一个共同完成教育任务的集体，所有成员应当有善于合作的团队精神，应当有相互支持、相互帮助、相互理解、相互体谅的态度。在校长的带领下，通过师生的共同努力，经过长期积淀，这种认识就会凝聚成学校共同的价值取向。而这种共同的价值观一旦在校内形成，就会为学校的和谐发展带来无穷的力量。

应当说，由于角度不同，即使校长正确地行使权力和履行职责，也可能会招致部分教师的不满。因此，教师正确处理部分与整体、个人与集体的关系，也是校长能够顺利履行职责的必要条件。

我深信，在不断地提高校长和教师素质的过程中，我国校长会越来越认真履行职责，越来越合理行使权力，从而也会为现代学校制度的建立，为教育事业的改革与发展作出越来越多的贡献。

（原载 2004 年 9 月 7 日《中国教育报》）

无尽的追求

从来没有理想的学校，但许多校长都在追求创造一所理想的学校；从来没有至善的教育，但许多校长都在追求进行一种至善的教育；从来没有完美的学生，但许多校长都在追求培养一批完美的学生。这就是校长，一种进行着无尽追求的人。

校长虽然常常是这种理想主义者，但他们每天又不得不面对现实中的种种烦扰、件件琐事。许多校长既要奋力拼搏于现实，又要执著求索于理想，因此，其伟大也就尽显于其平凡之中。

好的校长都有他们的共性。

我很赞赏有些同志借鉴对城市的评价指标来评价校长。那就是评价一位校长要看他的实力、能力、潜力、活力和魅力这五项指标。我想，实力是指由学习经历、工作经历和生活经历的积淀形成的整体素质。能力，是指表现出来的胜任职务和解决问题的水平，能力的最好体现是实绩。活力，是指蓬勃的朝气和与时俱进的创新精神。潜力，是指尚未表现出来的，经过学习或者实践可以发展起来的能力。魅力，则是指由自身的才智、风度和人际交往过程中的态度等因素形成的吸引力、亲和力、感召力。不过，有的同志提出还应该加上一个条件，就是定力，我也很赞成。

校长要有定力，当然首先是在这纷繁复杂的社会现象面前能够始终保持清醒的头脑，保持教育工作者的社会声誉。同时，也还应当防止浮躁，保持冷静。现在的某些体制和机制容易使校长急于求成，从而，有意或无意地违背教育的客观规律。教育事业的发展过程是一个创新过程，同时是一个积累过程。扎扎实实的积累和蓬蓬勃勃的创新的有机融合，才是教育发展的保证，也才是校长健康成长的保证。

没有完全相同的学生，没有完全相同的教师，没有完全相同的学校，当然，也没有完全相同的校长。优秀校长的共性往往蕴藏于他们各自鲜明的个性之中。

学习是校长发展力量的源泉，创建学习型组织是现代学校管理改革的方向。在学习型组织中，校长的角色既是学校的领导者，又是学校的管理者；是学习的组织者，同时也是学校这个学习共同体中的一位学员。

作为领导者，校长要依照法律和国家的教育方针，通过战略策划对学校的资源要素进行整合，明确学校发展的基本理念，树立学校的发展理想与愿景，设计学校的结构和发展策略。

作为管理者，校长要有强烈的使命感，能够自觉地协调与各有关方面的关系，调动校内外的一切积极因素，推进学校的整体改革，为实现学校的理想与愿景，形成学校的办学特色而努力。

作为学习的组织者，校长要通过搭建学习平台，使教职员工在不断地学习、研究、实践和反思中，树立共同愿景，转变思维方式，启迪教育智慧，推动教育创新，在促进学校持续发展的过程中使自身得到发展。

作为一个学员，校长又要坚持以学习求发展，通过先于和融于全校教职员工的刻苦学习，激发创造热情，增长创造能力，增强领导才干。

我们已经有了一支优秀的校长队伍，他们是我国教育事业发展的中坚。我们需要更多的优秀的专业化校长，他们将创造我国教育事业更加光辉的明天！

（原载《基础教育参考》2005 年第 11 期）

普拉哈拉德公式

北京市为加强校长队伍的建设，在北京教育学院成立了名校长工作室，30 多位在一线工作的名校长进入了这个工作室，进行为期两年的理论与实践研究。我有幸和他们接触，学到许多东西。我总想用最简单的话概括一下这些优秀校长办好一所学校的共同规律，但苦于找不到一种精练的语言来表达。

最近，看到核心竞争力理论的奠基人之一——C. K. 普拉哈拉德(C. K. Prahalad) 所写的一本书《企业成功定律》。作者认为，在当今社会，企业要在激烈的竞争中制胜，必须具备"两种核心竞争力"，他把这两种竞争力概括成两个公式：$N=1$，$R=G$。

我感到豁然开朗，这不也是那些成功校长的核心竞争力之所在吗？

普拉哈拉德所说的 $N=1$ 代表：价值是基于每一位顾客独特的、个性化的消费体验的。因为企业即使面对一亿个消费者，也必须学会关注某一个具体的消费者在某一时刻的体验。个人的"中心地位"是重点。

一位好的校长需要具备许多好的素质，对此专家们多有论述。但是，他个人的品德与才华只有转化为全体教师和学生的真实体验，才能成为学校整体发展的动力。我们许多校长的成功并不完全在于他个人的聪明才智，更重要的是，他的心里装着每一位教师，并且引导教师在心里装着每一位学生。

现在，不少校长的理念仍然停留在工业化时代，即试图用一种标准化的规范来统率学校的全部管理活动，并且认为只要有标准化的管理，就会产生预期的高效益。而实际上，教师不同于机器，教师的劳动也不同于机器生产。必要的规范固然重要，但每位教师个性的充分发挥，才是教学活动创造力的源泉。因此，好的校长总是把着眼点放在关注每位教师在学校里的感受上，为每位教师的发展搭建广阔的平台。

教师的教学活动亦如此。过去，我们常常把面向全体学生解读为探讨和采用一种标准化的教学模式。因此，花了很大的力气，进行课堂教学模式的研究，这当然无可非议。但是，把教学方式和方法标准化，却忽略了一个重要的基础，那就是学生其实是不同的，他们的心理和生理状况、学习和生活经历的不同，决定他们有着不同的学习特点。因此，好的校长总是引导教师重视每一位学生在学习过程中的体验，而不是简单地以粗放的"面向全体"取代精细地面向每一个人。

我想，普拉哈拉德所说的个人的"中心地位"，其实就是在管理活动中以人为本的最生动的体现。

他所说的 R=G，R 是 resource 的缩写，即资源；G 是 global 的缩写，即全球。其意是：所有企业都应从全球多个企业甚至竞争者那里获取资源，以形成一个全球化的系统。因为没有一家企业的经营范围和规模，足以满足任何一位消费者在任一时刻的需求。

学校教育作为一项复杂的系统工程，不仅面临诸多不同类型学生的教育问题，也面临诸多历史遗留的和时代提出的难题。一位校长个人的智慧、一所学校积累的经验，是难以完全应对这样纷繁复杂的难题的。而且，条件再好的学校，也不可能具备足以适应教育全部需要的资源。所以，借鉴校外、地区外、国外的所有教育经验以及其他行业的经验，充分利用校内外一切可以利用的物质的、人力的资源，是一位优秀校长成功的重要途径。

现在，有些校长仍然闭门办学，看不到不断发展变化的形势，看不到别人已经取得的经验，也无视存在于全社会的可资利用的丰富的资源。这使得他们在种种难题面前裹足不前。

因此，勤奋地学习、开放的胸襟、广阔的视野，是校长持续发展的不竭的动力源泉。

普拉哈拉德认为：创新，已经完全打破企业内部的界限。一头，需要我们无限地紧贴客户，把商业流程延伸到终端客户的“时刻体验”上来；另一头，需要我们把供应商的资源无限放大，形成全球化的系统。

学校的创新也是如此。N=1，要求我们拿起放大镜，看到一个一个具体的教师和学生，关注每个个体的体验，搭建适合每位教师和学生发展的平台。R=G，要求我们拿起望远镜，看到整个世界的变化，调动一切可以调动的资源，无限扩大促进学校发展的实力。

这两个公式，不正是极其精辟地概括了许多名校长的共性特征，也极其精辟地概括了许多名校共同彰显的优秀文化吗？

（原载《中小学管理》2009 年第 7 期）

校长要做三件事
——读《哈佛商业评论》一篇文章有感

我上小学的时候，体育老师教跳高，就是抬腿、过杆、落地的“蹁腿式”，老师一招一式教得很认真，谁掌握得好就跳得高。上初中的时候，老师教剪式和滚式；上高中的时候，老师教俯卧式，从助跑、起跳、过杆到落地，一步步训练。随着新姿势要领的掌握，我们的跳高成绩不断提高。成年以后，我又见到更先进的背越式跳高，但自己已经没机会学了。

最近看到一份资料，才知道剪式跳高出现后，哈利·波特 1908 年将奥运会跳高纪录提高到 1.905 米。此后，每一种新姿势被运用后，奥运会的跳高纪录都被刷新。到 1996 年奥运会，查尔斯·奥斯丁用背越式创造了 2.390 米的新纪录。所以，有人将跳高的发展历史归纳为：努力把握已知的最佳模式，同时发现其不足，在此基础上创造出更好的模式。

《哈佛商业评论》刊登了一篇文章，题目是《CEO 必须做的三件事》。文章提出,有远见的 CEO 必须做三件事,这三件事正是被跳高的发展历史所证明的:一是管理现在,二是有选择地忘记过去,三是开创未来。文章指出:公司若想经久不衰,就必须使自己的维持力、颠覆力和创造力保持恰当的平衡,实现这一平衡是 CEO 的首要任务。

由此我想到,成功的校长不也必须把做好这三件事作为自己的首要任务吗?

一要管理现在,就是要有维持力,要维持现有模式的日常执行。维持性工作做得出色,运行起来流畅高效,学校就会成为一部精良的机器,大量复杂的工作就有如众多的齿轮、活塞和轮轴,有条不紊地相互配合,产生良好的效益。所谓维持力,就是维系、保持的能力。有些校长目标意识很强,而落实意识相对淡漠。他们热衷于制定宏伟的目标,却不认真或者不善于将实现这些目标转化为有效的组织行为,甚至朝令夕改。有些校长自己虽有工作热情,却没有调动起全校师生的积极性,没有通过协调,使各职能部门形成合力,结果不是事倍功半,就是矛盾重重。当然,还有些同志上任之初对学校现状还没深入了解,就急于提出一套改革主张,不仅改革难以推进,而且现行秩序也被打乱。所以,维持不是保守,而是努力把握现在,以创造最好的绩效。

二要发现问题,就是要有颠覆力。许多校长往往只注重做好当前的工作,而不正视学校存在的潜在风险,不关注影响学校未来发展的问题。他们忙于应对众多的短期压力,处理眼前繁杂的事务,学校管理只依靠多年积累形成的一些固有的观念和经验。这些固有的观念和经验往往会变成一种非常强大的"组织记忆",从而形成学校的单一文化。有时,这种"组织记忆"对于维持传统和现状也许会有帮助,但却难以使学校应对各种非线性变化,以致在问题严重、矛盾激化时不知所措,更谈不上开创新的局面。所以,校长必须善于记忆,但同时也必须善于有选择地忘却;要善于发现学校必须抛弃的东西,包括善于否定自己曾经倡导过的东西。

三要开创未来,就是要有创造力。开创未来就是要通过改革实践,清除发展的障碍,设计并实现新的发展目标。现在,学校都站在落实

《国家中长期教育改革和发展规划纲要(2010—2020年)》以及"十二五"规划的新的起点上，都处在转型的过程中，这就要求校长要有远大的抱负、革新的勇气、求实的态度和坚忍不拔的毅力。通过改革创新，使学校的教育思想、管理体制、教育内容、教育方式方法，不断达到新的高度。

校长要做的这三件事，并不分先后。为了学校眼下的工作和未来的发展，校长必须同时关注这三件事。发现问题和开创未来，并不是以后才要做的事，而是从一开始就要做好准备，做到三者的协调一致。

《哈佛商业评论》中讲了一个很有意思的巧合。印度教虽然是多神教，但主要有三大神：毗湿奴——维持之神，湿婆——毁灭之神，梵天——创造之神。印度教的哲学认为，苍生万物就生活在这维持—颠覆—创造的平衡互动之中。这的确又给我们添了一个新的视角。

(原载《中小学管理》2011年第5期)

第三辑

不宜一切从简

我们有些学校对那些文山会海，那些烦琐哲学，以及其他许多本应从简的事，都习以为常，但对体现对人的尊重，特别是体现对学生和教师的尊重的事，却经常以一切从简为由，敷衍了事。我想，我们还是不要把两者混为一谈，绝不宜"一切"从简。

办学理念是学校的灵魂，但它不应当是虚无缥缈的，它一定要能够让人有美的感受。将理念的美固化，凝聚成为一种外在的美，就能让人玩味，让人思考，让人领会，让人感动。这样，学校文化才能更好地张扬，也才能更好地传承。

呼唤学校的"诚信文化"

前些日子，我去江苏南通市参观张謇故居。张謇不仅是中国近代最早的实业家之一，也是中国近代最早的教育家之一。1902年，他在南通创办了中国第一所民间的师范学校——通州师范学校。建校时，由张謇手书的校训是：艰苦自立，忠实不欺。十年以后，1912年他又创办了南通纺织专科学校，校训是：忠实不欺，力求精进。

看来张謇办教育的理念，最重要的是教人忠实不欺。由此我想到，从古代孔夫子的"人而无信，不知其可"，到近代张謇的"忠实不欺"，再到现代陶行知的"千教万教，教人求真"，所有的教育家一脉相承，不仅把"诚信"作为道德的重要内容，而且作为道德的基础，从而把"诚信"教育摆在育人的最突出的地位。

江泽民同志在十六大报告中指出：公民道德建设要"弘扬爱国主义精神，以为人民服务为核心，以集体主义为原则，以诚实守信为重点"。十六大把"诚实守信"作为公民道德建设的重点，既继承和弘扬了中华民族的民族精神和高尚品格，又赋予了其极其鲜明的时代意义。因为在当代，"诚实守信"不但是社会主义精神文明建设的内容，也是社会主义市场经济健康发展的保证。

但正如不少同志担心的那样，现在，无论是社会公信还是个人信用，诚信度都是不能令人满意的。弄虚作假、自欺欺人、言而无信、不践成约的现象比比皆是。有的同志甚至说，正当中国阔步走向社会主义市场经济的时候，却面临着一场信用危机。这样说，也许有一点危言耸听，但这个问题确实到了必须引起高度重视的时候了。

最近，有位同志告诉我，有些学校校长准备了一套应付上级检查教学工作的"窍门"：如果是教研部门的同志来听课，他就嘱咐老师，课堂教学环节要清楚，以证明教学工作严谨；如果是教育科研部门的同志来听课，他就嘱咐老师，课堂空气要活跃，学生越乱越能说明主体作用发挥得好；如果是教育行政部门的领导同志来听课，他就嘱咐老师，一定要在课结束前，反馈当堂的教学效果，以证明课堂教学效率高。

这位校长这样投人之所好，我想是出于无奈。但校园里的类似情况，不是几乎见怪不怪了吗？如果大家都习以为常，校园里也就没有了诚信，一个从没有诚信的校园里走出的学生，他步入社会以后，能是一个诚实守信的人吗？

因此，我深深感到，时代在强烈地呼唤着校园里的"诚信文化"。我想，每一所学校都应当努力使"诚信"成为学校成员的共同价值标准，并经过历史的积淀，形成传统的校风。这样使每个人都能生活在一个诚信的学校环境中，"诚信"教育也就有望落到实处了。

这种"诚信文化"，首先应当体现于理念，也就是体现在学校的精神文化之中。理念不同于一般的口号，它是学校文化的核心，是学校文化的灵魂，它贯穿于学校全部活动的指导思想之中。现在，不少学校的校训里，也有"求真务实"的提法，但只是把它写在墙上，一到实际工作中，就往往既不求真也不务实了。

同时，这种"诚信文化"应当体现在学校的制度文化之中。制度是学校成文的行为规范，它贯穿着学校的价值标准。学校的制度应当是鼓励守信，保护诚实，而不能对言而无信和虚报浮夸听之任之。当然，制度的执行本身就是对诚信最重要的检验。如果制度形同虚设，就无诚信可言。

更重要的是，这种"诚信文化"应当体现在学校的行为文化之中。教人以诚必先待人以诚。校长行为的价值取向，常常影响着教师的价值判断，教师行为的价值取向，又常常影响着学生的价值判断。学生正是从身边人们的行为所体现出的价值取向中，找到自己做人的标准，进而塑造自己的人格的。

在形成"诚信文化"的过程中，每所学校都应当努力从自身的历史中发现"诚信"的基因。有堪做榜样的人物和故事，有发人深省的格言和警句，并不断积累、充实，把这些作为学校的经典一代一代流传，成为学校宝贵的精神财富。

十六大已经将"诚实守信"作为道德教育的重点，重点就要真的

"重"起来。但愿校园里的"诚信文化"能够为社会主义精神文明建设勾画出一道亮丽的风景线。

（原载《北京教育（普教版）》2003年1—2月合刊）

积累学校持续发展的动力

我们常说："一位好的校长可以造就一所好的学校。"这已被无数实践所证明。但我想，当这位校长离开这所学校的时候，能不能给这所学校留下永恒的推动力，应当也是检验一位校长是不是真正的好校长的重要尺度。不少学校出现的"一代而衰"的现象告诉我们，必须高度重视学校文化的建设，优质学校的稳定性正是在于形成了优良的学校文化，它是一所学校持续、健康发展的重要保证。

现在学校都十分重视引入竞争机制，实行校长负责、教职工聘任、绩效考核、效益工资制等，以激发学校的活力，调动广大教职工的积极性，但这种激励机制的形成，并不能代替学校文化的建设。

学校文化的核心是学校共同的价值观念、价值判断、价值取向，它产生于学校自身，得到全体成员的认同和维护，并且随着学校的发展而日益强化。不同学校的风格尽管不同，但由于得到了学校内部成员的认同，都会成为取之不尽、用之不竭的精神源泉，也会成为一个学校区别于其他学校之所在。

学校文化包括由浅入深，由表及里的不同层次：有表层的物质文化，如学校的校舍、设施、环境体现出的文化氛围；有浅层的行为文化，如学校成员行为体现出的文化色彩；有内层的制度文化，如学校各项制度体现出的文化特点；还有深层的精神文化，也就是由价值观念决定的办学思想和群体意识。

精神文化体现出的理念是学校文化的核心，是学校的校魂，是贯穿于学校文化各层次中最为稳定的部分。

　　而学校的精神、理念指导学校的制度和规范的建立，其中制度是成文的，大家要遵守的，规范也可能是不成文的，但大家也应自觉遵守的。比如有些学校倡导勤奋，老师们到了下班时间还在自觉地工作；而有的学校倡导效率，到了下班时间大家都不会有意延长工作时间。这种精神、理念也会通过学校的各种活动和行为来体现，在管理中，在教育教学工作中，在各种交往中，大家由于价值标准相同，就容易取得认同。这种精神、理念还会贯穿于学校的环境建设之中，更会体现在逐步积累起来的校内的铭言、人物、故事、实物等形象化的标志上。建设学校文化就是通过制度规范、活动行为、环境建设以及其他形象化的标志来体现学校的理念、精神，从而使大家由于有价值的认同而产生凝聚力。

　　学校文化是从属于社会主流文化的亚文化，因此，当前学校文化的建设应当坚持与时俱进，坚持牢牢把握先进文化的前进方向，坚持弘扬、培育民族精神和切实加强思想道德建设的原则。

　　如果一所学校经过了长期的努力真正形成了良好的学校文化，那将是一笔不可估量的财富，因为学校文化通过与教师、学生的交互作用，使自在的环境变成了能动的环境，对广大教师、学生施加影响，并会转化成教师和学生的自觉意识。当然，在学校文化建设的过程中，必须保持一致性、协调性和稳定性。如果我们一方面讲提倡教育创新，另一方面在制度上又不允许创新，在管理上维持旧制，言行不一，也就很难在价值标准上真正形成共识。

　　学校文化的形成为素质教育创设了潜移默化的环境，学生正是在学校文化的熏陶中形成自己的价值观念，形成自己的良好素质。

　　学校文化更有助于学校形象的塑造。学校形象是一个学校在社会公众、家长、学生心目中的总体印象，是学校文化的外显形态。学校形象是学校管理者的形象、教师的形象、在校生和毕业生的形象、教育教学活动的形象、公共关系的形象等综合因素形成的总体印象。

　　创造学校形象其实就是创造学校的品牌。从某种意义上讲，教育发展比较成熟的地区，学校之间的竞争已经开始由入学生源和毕业生出路的竞争，转向学校形象的竞争。如果一所学校通过良好学校文化的外显，塑造了自己的学校形象，那必将会成为推动学校教育改革与发展的持久的驱动力量。

我想，一位好的校长应当是一个既勇于创新又善于记忆的人，他会在加强硬件、软件建设的同时，高度重视学校文化这一作为无形资产的"潜件"的建设，以便为学校积累持续发展的动力。

（原载《北京教育（普教版）》2004 年第 10 期）

不宜"一切"从简

最近，我参加了马来西亚英迪学院的毕业典礼，颇有感触。

礼堂外彩旗飘扬，礼堂内摆满鲜花，主席台布置得庄严肃穆。仪式开始前，家长就已按每个学生家庭两张票凭票就座完毕。仪式开始，在学校权杖的引导下，毕业生身着礼服，列队进入会场入座。学校领导和毕业班教师也身着礼服鱼贯登上主席台。毕业典礼在校歌声中正式开始。主持人请几位资深教师分别宣读毕业生名单，每宣布一人，该生便登台从学校董事会主席手中领过毕业证书并合影，顿时，台下响起一片热烈的掌声。然后教师再宣布下一位，依次逐个进行。学生领取证书的仪式进行了一个半小时。这时的礼堂外，已等满了手捧鲜花的亲友，他们簇拥着走出会场的学生，又进入布置一新的体育馆里合影留念，那里又成了欢乐的海洋。

我问该院的院长，为什么花这样多的精力来组织毕业典礼，他说，为了体现尊重学校，尊重学习，尊重学生，尊重人。

这使我想到，我们应当反对繁文缛节，但有时确实将本不应从简的事办得过于草率。

我也参加过一些学校的毕业典礼，有些只是随便走一走过场，领导讲一讲话，几个学生代表上台领一下毕业证书或者奖状，照张毕业合影，就算交待了。既没有庄重的氛围，也没有热烈的情绪，给人留不下什么印象。许多人在几年以后，甚至回忆不出当年举行毕业典礼时的情景。不仅毕业典礼如此，有的学校根本没有什么传统的活动，即使有，也是敷衍一下，草草了之。

有些同志往往会为这样做找出许多理由。一是，把这些看成是形式主义，认为应当把劲用在实实在在的工作上；二是，认为校长、老师都很忙，不要占用他们过多的宝贵时间，尽量简单一些为好；三是，认为学生到了毕业的时候，心已经浮躁，毕业典礼之类的活动难以组织。总之一句话，学校活动理应一切从简。

应当说，形式主义的事我们做了不少，今后仍应坚决反对。但是，学生是从学校怎样对待人、对待事当中，学会待人处事的；也是从参加各种活动中，认识集体，学会礼仪的；更是从体验学校对他们的感情中，萌生和加深对学校的感情的。必要的形式蕴藏着深刻的内涵，可以使学生终身难忘，甚至可能对学生人格的形成产生重要影响，所以，我们万万不应草率从事。

一个学校的价值观要有载体。建设这种载体，是学校文化建设的重要组成部分。成熟的学校领导者，都会重视学校活动的精心设计和组织，并形成传统，从而传承学校的理念与精神，凸显学校的特色。以人为本，创造和谐的学校氛围，是贯穿于各项学校活动的主线，因此应当通过必要活动的精细化，来凝聚学校的人心，滋润学生的心田，培育学生的人文精神。

写到这里，我想起北京八中的"第一次铃声"。新学年开始，新生都要列队举行仪式，在庄严的第一次铃声响起后，新生在高年级学生的引领下，进入教室，开始在北京八中的生活。这项活动大约已经有20年历史了，由于内涵十分丰富，给我留下很深的印象。我想，这铃声也必将永远响在历届八中学生的耳边。

我们有些学校对那些文山会海，那些烦琐哲学，以及其他许多本应从简的事，都习以为常，但对体现对人的尊重，特别是体现对学生和教师的尊重的事，却经常以一切从简为由，敷衍了事。我想，我们还是不要把两者混为一谈，绝不宜"一切"从简。

（原载《北京教育（普教版）》2005 年第 5 期）

学校建筑学的新课题

在宁波的一所小学，我看到了一种不同于一般校舍布局的构思。学校的一、二年级，各有一座独立的环形小楼，融学习区与生活区为一体。学生上课、活动、吃饭、住宿都在自己年级的小楼里。校方介绍，这样布局一方面因为与幼儿园的格局相近，所以有利于小幼衔接。另一方面，一、二年级孩子年龄小，这种布局也为他们提供了多种方便。我想，这种设计打破了学习区与生活区分开的惯例，真正体现了一种以人为本、为学生发展服务的教育理念。

由教育部门提出校舍的功能需求，由建筑部门设计并施工，完工后交给教育部门使用，这已成为校舍建设的常规流程。多年来，教育行政部门和建筑部门在大规模的学校建设中积累了丰富的经验，制定了实用的规范，建设了一批经济、美观、适用的校舍。但是，应当说，在大多数校舍的建设中，我们都是以适合学生聆听需要的传统教育理念为基本原则的。学校建筑不适应现代教育理念的要求，不适应现代教育功能的需要，缺乏足够的人文精神，学校缺少培养学生创新精神和实践能力的场所，这些已越来越成为我们值得关注的问题。

教育的均衡发展要求实现同一地区用公共财政经费举办的学校的办学条件相对均衡，但是制定地区的办学条件标准绝不等于千校一面。在推进教育均衡发展的过程中，使学校保持、彰显自身的特色，包括校舍设施的特色，是促进学校教育发展的动因之一。

因此，加强对学校校舍建设的理念与特色的研究，已成为摆在我们面前的一个新的课题。

我很高兴地看到一些地区和学校正在进行着可贵的探索。

比如，南廊北室是我们多年来总结出的教学楼建筑的标准格局，但是，按这种格局建设的教学楼几乎没有学生课间活动的空间。近年来，一些学校在进行"港湾式"和"哑铃式"建筑的探索：在走廊中部建设几个港湾厅，或者在走廊两端设计活动厅，在活动厅四周布设教室，这样就大大增加了学生课间活动的空间。

又比如，过去我们幼儿园的设计都是服务于小班分割的教育理念的，因此，园舍的设计基本上都采用小班用房自成一体的构思。而在浙江慈溪，我看到了基于扩大混班活动空间之需的一种新的设计思路：缩小小班用房的面积，扩大多班混合活动的空间。这体现了倡导大、中、小班孩子混班活动的新理念。

再比如，过去，教室就是用来听老师讲课的地方，可以摆放课桌椅就行了，如果学生需要进行操作，就另外设专用教室。而当我们倡导教学做合一的时候，这样的设计就很不方便了。现在，有的学校在教室里的一侧设计了操作台，可以根据需要随时进行操作，这使得学生听课、讨论、动手不再被人为地分割，适应了新的教育功能的需要。

过去，我们强调看书必须保持安静，一个大大的"静"字贴在每个图书馆的墙上。但是，现在有的学生在阅读时也希望能进行一些交谈、讨论，甚至发表自己的阅读心得。于是，我们看到有些学校在图书馆里设计了小间的讨论室，在阅览室里设了讲台，可以举行小型论坛。

还有，在一所小学的图书馆里，我没有看到一排排整齐的桌椅。地面非常干净，放着一些垫子，学生可以自由选择舒服的姿势进行阅读，甚至可以斜靠在墙角，或者趴在地上。

我不是推崇以上的种种设计，但是，我赞赏设计者的探索精神。他们的设计在理念上，对陈旧的观念提出了挑战；在功能上，适应教学改革的需要；在风格上，体现学校的特点；在情感上，充满人文关怀。

这不禁使我想到现实中存在的另一些现象。有些学校在校园建设方面投入很大，豪华但不实用；有些学校试图提升文化品位，却只是把工夫花在装饰上；有些学校，校园很大但布局不当，教学楼和实验楼距离很远，学生课间十分钟要跑步才能"转移"。这样的设计根本谈不上体现人文精神。

所以，在推进教育现代化的进程中，学校建筑的现代化绝不只是建筑部门的事，除了教育部门应当全程参与学校建设，加强新理念指导下的有关学校建筑学科的研究，也是一项紧迫的任务。时代呼唤着新的学校建筑学的诞生。

（原载《北京教育（普教版）》2006 年第 5 期）

树立积极的安全观

在日本东京参观一所幼儿园，教室里每个孩子的座椅上都有一个椅垫，老师告诉我们，这个椅垫有一个夹层，当地震发生的时候，孩子们都会自动把椅垫夹层不相连的两面打开，套在头上，于是椅垫就变成了一个头套，这样可以保证头部不被砸伤。在日本其他学校我们也看到许多类似的保护措施。所以，尽管日本地震频发，但除了特大的灾害外，死伤人数相对较少，这与他们的安全防范措施到位、重视安全教育有着密切的关系。

近年来，我国的学校安全工作也取得了长足的进步，安全的意识日益增强，责任日益明确，制度日益健全，措施也日益落实，学校安全事故大大减少。

学校安全涉及校舍与设施的安全、交通安全、人身安全、食品卫生安全，以及自然灾害引发的安全问题等。安全是学校一切教育工作的前提，是学校和谐发展的基本保证，是学校管理的底线要求，是学校文化的基础共识，是以人为本的科学发展观在学校工作中的具体体现。因此，防范一切安全事故，是学校工作的重中之重。

纵观近年来的实践，我认为，树立积极的安全观是进一步推动学校安全工作的关键。这种积极的安全观，就表现在真正把精力放到安全能力建设上来，主动消除安全隐患，健全安全预警制度，增强个体防范和应对能力，并将安全教育融入全面素质教育之中。

有些地区表面上也强调学校安全，但是只抓两件事：一件事是宣讲安全的重要性，提出几个"不准"；另一件事是签订责任书，明确安全事故的责任人。结果，大家的安全能力并没有增强，看起来领导该讲的话讲了，该明确的责任也明确了，但安全工作并没有落到实处。这不是一种对安全工作的积极态度。

安全事故多数是出自无序行为。因此，建立合理的安全制度，树立规则意识，是安全能力建设的基础。校内外各个活动领域都应当有明确的规则，所有成员都要熟知规则，遵守规则，按规则办事。当然，规则本身应当简明可行，合乎情理。

安全事故多数与疏于防范有关。因此，加强各相关部门的预警工作，提高警觉，及时消除隐患，是安全能力建设的关键环节。尽管有些事故可能由于不可抗力而难以避免，但是，多数事故是会有不同程度的前兆的。现在，有些学校要求校内各有关部门每月向校长提出安全预警报告，以便及时发现和消除隐患，这种做法值得借鉴。

安全事故也有相当一部分源于现场的慌乱。因此，加强安全实训，增强个体的临机应对能力和心理承受能力，是安全能力建设的保障。如学校定期举行防灾演习，通过系统培训提高防灾技能等，不仅有助于安全能力的提高，更有助于安全意识的增强。

当前，学校安全工作值得关注的一个问题是将安全与常规教育对立起来。由于在安全问题上学校领导的责任重大，一旦出现安全事故，学校的赔偿能力有限，加之部分家长和社会舆论要求学校在安全问题上承担无限责任，所以造成一些地区的教育行政部门和学校不得不作出了许多规定，如学生不得提前进校，体育课避免做有难度的练习，不组织春游、秋游，大幅度减少校外活动等，结果在把安全工作放在中心位置的同时，却将教育工作边缘化了。

因此，加强安全工作与教育工作的统筹，使安全教育成为素质教育的组成部分，是安全能力建设的最终追求。维护学校安全与某些教育活动的开展看似有一些矛盾，但采取回避的办法，并不能真正增强学生的安全能力，而只能是因噎废食，造成安全工作的价值理性的缺失。所以，努力探讨在开展各项活动中进行安全教育，使教育活动的正常开展与安全能力的同步提高相得益彰，创造并积累安全与教育活动整体优化的经验，才是对我们安全工作的真正考验。

做好安全工作不仅要求教育行政部门和学校领导有高度的责任感，还要求他们有高度的智慧与统筹能力，当然，更需要树立积极的安全观。

（原载《基础教育参考》2007 年第 11 期）

也谈"让每一面墙都说话"

许多校长在引领我们参观学校时，都会非常自豪地说："我们学校的每一面墙都会说话。"这使我们深感学校文化建设已经得到了广泛的重视。

但是，为什么要"让每一面墙都说话"，让每一面墙向谁说话，每一面墙应当怎样说话，这些问题确实很值得进一步探讨。

校园是师生学习、工作和生活的地方，"让每一面墙都说话"，就是为了给师生，当然首先是为学生创造一个良好的生态环境，而这种环境最重要的是以学校办学理念为核心形成的校园氛围。学生在这种氛围中长期受到熏陶，在与环境的交互作用中，他们的情感、态度甚至价值观的形成会受到潜移默化的影响，这种影响最终会内化为他们自身的素质。所以，有人说，好的校园环境是除了教材、教师之外的"第三位老师"。墙壁作为学校建筑展示学校文化最为明显的部分，它的设计确实应当受到关注，因此，应该让它"说话"。但是，这种"说话"并不是真的要在每一面墙上都写上一句话，而是为了体现一种氛围。在英国著名学府牛津和剑桥，除了偶见一座纪念碑石上刻有一位名人的名言，很少看到在墙上贴有或者刻有字迹。但是，牛津学术殿堂的庄严、剑桥诗人气质的轻松，却给人们以深切的感受。因此，学校用标语、名言激励学生无可非议，但如果把每一面墙都挂上一条标语或者都写上名言，则墙壁虽然说了话，却给人以絮絮叨叨的感觉。学校在墙上作知识的展览或者诗歌的介绍也有一定的作用，但如果学生在这里生活三年或者六年，每天都要面对这些知识和诗歌，则也难以获得新鲜的感受。所以，"让每一面墙都说话"是要将对墙壁的设计构思纳入整个学校的理念之中，将有形与无形的语言整合起来，重在创造氛围；不能只是简单地把"标语上墙"、"知识上墙"看作"让每一面墙都说话"。

进到一所幼儿园，墙上写着苏霍姆林斯基、杜威、陶行知、蒙台梭利等教育家的话，虽然都是经典，但孩子们怎么能读，又怎么能懂呢？进到一所小学，每层楼的墙壁上都贴着年级学生的培养目标以及对学生的教育原则。如果是为了给学生看，学生看不明白；如果是给教师看，又没必要贴在走廊里。有的学校在校园的各个角落都作了精美的布置，但是围起来，不让学生靠近。那么，学校这些殚精竭虑的构思究竟是为了什么呢？归根结底，不是为给学生创造良好的生态环境，而是为给参观者留下一个好的印象。现在，由于检查评比多、参观交流活动多，所以造成有些学校对常态教育考虑得少，而对应对检查评比和接待参观交流考虑得多，墙壁无疑变成了这种应对和接待的工具——让每一面墙都对参观者"说话"。其实，参观者在学校转一圈就走了，他们走马观花会感到印象不错，但学校文化对学生的教育功能却被大大地淡化了，于是产生了"让每一面墙都说话"的功能异化。我们还是应当坚持校园环境为学生发展服务的宗旨，警惕形式主义文化占据我们校园的墙壁。

墙壁应当怎样来"说话"？我想，直白地讲出我们的政治理念和教育理念在有些情况下是必要的。但是，综观现在学校的墙壁文化，直白的太多，而发人深省和耐人寻味的较少。2006 年，我到江苏太仓的一所小学考察，这所小学以倡导科学教育特别是天文教育为特色，他们在迎面的墙壁上装饰了巨幅的星云图，非常壮观。校长告诉我，这幅图是教师们一起设计，然后用废报纸泡成纸浆，用胶水黏合而成，总共花了不到五元钱。2007 年我又来到这所学校，特意要看这幅星云图。它依然是那么美丽。我想，它的美丽不只是它创造了一种爱好天文、关注天体的氛围，更重要的是，它体现了可持续发展的教育理念，寓有养成勤俭节约的生产方式和生活方式的深刻含义。上海市教委主任沈晓明同志讲过一件事，上海儿科医学研究所迎门的墙上挂着一幅画，画上交织着许多动物的图形。每一位新来的医师都要被带到这幅画前，在规定时间内认出画上的动物。结果在规定的时间内，成年人认出的数量反而没有孩子多。研究所以此教育所有的儿科医师：孩子有着巨大的潜力，我们必须尊重孩子。我想，这一面墙没有一个字，但它所说的话、带给人的兴趣和启示却是用多少语言都难以替代的。

我们希望学校的每一面墙都能向学生传达生动、深刻的信息，成为学生终身难忘的学校文化的重要组成部分。

（原载《中小学管理》2008 年第 1 期）

凝固了的理念美

2009 年春节过后，我去北京十一学校参加该校改革 20 年纪念林和纪念广场的揭幕仪式。这所最早开始进行学校办学体制改革，随后又深化了学校教师队伍建设和教育教学改革的名校，到处充满生机，充分体现了改革是教育事业发展的巨大推动力。

交谈中，十一学校新任校长、著名教育专家李希贵同志向我介绍了该校第九届第三次教代会所做的一项决定，我又一次被深深地感动了。这次教代会的主要议题是理清 20 年来学校的文化积淀。经过广泛的讨论，代表们最后概括出十一学校文化的 20 条共识，作为十一学校文化的精髓。在春节前，学校把这 20 条共识制作成幻灯片，当做"新春的祝福"送到了每一位教师的手中。

我急切地想看到这 20 条共识的内容，于是请他们把这份"新春的祝福"也发给了我。在精美的画页上书写着教师们在多年的生活和工作实践中形成的价值认同：（1）领先一步，就领先一个时代。（2）创造适合学生发展的教育。（3）共和国的利益高于一切。（4）志存高远。（5）不为高考，赢得高考。（6）教职工是改革的主人，不是改革的对象。

（7）聚天下英才，做英雄事业。（8）在工作状态下研究，在研究状态下工作。（9）师德高品位，干部高要求。（10）脚踏实地，胸怀天下。（11）海纳百川，包容共生。（12）追求卓越，拒绝平庸。（13）把学校办成教职工心灵的栖所，让校园成为教职工的精神家园。（14）聚精会神于课堂教学改革。（15）学生能做的，老师不要包办。（16）敢于否定自我，不断调整发展战略。（17）生活上可以照顾，工作上不可以照顾。（18）卓越的领导者是组织最宝贵的财富。（19）培养具有国际视野、世界眼光和多元文化理解能力的一流人才。（20）一心办学，心无旁骛，敬业笃志。

这20条共识的表达形式各不相同：有的富有哲理，有的十分直白；有的提出要求，有的体现境界。但它们足以让我们感受到从教师们心头涌出的理念的美——那种在多年实践中积累起来的、最终固化成文的理念的美。我想，一所学校需要将自己的理念凝固在一种美的载体中，无论是文字，还是其他形式。这样，理念才不至于成为一种空泛的、不着边际的东西，才能成为深入人心的共同的价值取向，才能体现学校文化的格调与品位。

写到这里，我的脑海里忽然浮现出一座令我赞叹不已而且久久不能忘怀的雕像，它矗立在台湾地区高雄餐旅学院的中心广场上。这所学院是培养餐饮和旅游服务人员的本科高校。他们在教学活动中重视培养学生的基础素质和创新精神，但更重视培养学生的职业自豪感。这座雕像塑造的是两位男女青年，女青年高举左手，手中托着一摞碗，男青年右手伸向前方，手中托着一叠盘子。两人挺胸抬头，神情庄重，让我们感到他们正在履行一项最为神圣的职责。在蓝天的映衬下，他们显得那么高大，那么潇洒。

这使我不由得想起，不少家长和学生，甚至是教育工作者，把接受类似端盘子服务的职业教育看成是一种无奈的选择，把职校的学生看成是教育的失败者。而这座雕像所反映的理念，使所有在这所学校里教学和学习的人受到鼓舞——服务业是一种豪迈的事业！这种凝固了的理念，传达了一种美。而正是这种美，给人们带来了前进的勇气和力量。

日本数学家藤原正彦先生在谈到脑力革命时，举出了创新型人才应当具备的6大条件：（1）野心。（2）知识。（3）执著。（4）乐观。（5）理论思考。（6）对美的感知力。而他认为，美感是这6大条件中最为重要的一条。他说："为了摘到山顶上的那朵花，需要野心，需要知识，但是首先必须能被这朵花感动。如果没有感动，就不会明白什么叫执著，更不会形成乐观的情绪。"

办学理念是学校的灵魂，但它不应当是虚无缥缈的，它一定要能够让人有美的感受。将理念的美固化，凝聚成为一种外在的美，就能让人玩味，让人思考，让人领会，让人感动。这样，学校文化才能更好地张扬，也才能更好地传承。

（原载《中小学管理》2009 年第 5 期）

浓墨重彩的一笔

2009 年 6 月，受国家教育督导团的委托，我和国家督导检查组的同志们一道，到贵州省进行"双基"检查。本以为经济发展水平不高、教育基础相对薄弱的贵州省，学校面貌会很一般。没想到，在深山里，那一座座新建的学校，那校园里爽朗的欢笑声，比那里闻名世界的蓝天白云、青山绿水和浓郁的少数民族风情更吸引我们。

黔东南自治州雷山县的大山里要新建一所学校。由于运送建筑材料需要翻山越岭，当地又没有公路，所以群众就在山与山之间架起了滑索，将建材"空运"到工地。更令人震撼的是，为了加快运输的进度，当地的群众自发地将建材背上山。我看到一幅珍贵的照片：一眼望不到尽头的人流，人人都背着沉重的石块，虽然他们汗流浃背，但笑意洋溢在脸上。我想，他们心中一定在想："我们背的是希望！"人们把这所学校称作"背进大山的学校"。

山里的孩子住进寄宿制学校，就等于有了一个新家。特别是那些爸爸妈妈都进城务工的孩子，在这里更深切地感受到了家的温暖。他们住在整洁的宿舍里，吃到了保证营养的饭菜。不少学生用每天交1斤米的方式抵顶自己应缴的伙食费，家庭困难的学生则无需缴费，完全由国家负担其费用。在黔南自治州一所小学的食堂里，孩子们正在吃晚饭。我看到，在南北两面墙上，各装饰着一幅放大了的、铺满墙的照片。一幅是一群孩子站在一起告诉家长：爸爸妈妈，请放心，我们一定不辜负您的期望！另一幅是好多位家长站在一起告诉学生：孩子，在学校要听老师的话，好好学习，好好生活！孩子们每天吃饭的时候，都像在和远方的父母交流。那真是一个令人激动的场景。

检查期间有着无数难以忘怀的见闻，但有一件事是我多年来从未见过的，它足以给学校内涵发展和学校文化建设开启一扇新的大门。

坐落在荔波县山里的茂兰小学四面环山，新建的校舍在熠熠的阳光照耀下分外美丽。学校在一间不大的教室里布置了校史展。我看过许许多多的校史展，主题都是用建校以来的种种成就教育学生，让学生以校为荣，将来学校也会以学生为荣。但这间陈列室却在显眼的位置布置了一个专栏——"荣誉与失败"。其中既有学校多年来获得的各种荣誉称号，也有学校曾经遭遇的挫折。比如：在一次省和州的检查中，学校因学生宿舍卫生状况较差，受到县教育局的通报批评，并被取消了"常规管理示范学校"的称号。展览不仅记录了事件的过程，还作了说明：全体校班子成员为此作出了书面检讨，并进行了整改。他们在展板的醒目位置写道：这是茂兰小学历史上一次重大的管理事故。看到这里，作为国家督导检查组成员的我，忽然觉得自己是那么渺小。因为我一直认为，各地应对检查，都是将好的一面充分展示，而将差的一面掩藏起来。而在这里，在面对如此重要的检查评估时，他们却毫不隐讳地展出了校史上并不光彩的一面。虽然展板上所述之事是负面的，但在我心里，这块展板是我见到的最为光彩夺目的一块展板！我在这块展板上看到了诚实，看到了进取，看到了大气，看到了自信，也看到了什么是教育。由此，我的脑海里又浮现出山里小学墙上一幅大字书写的标语：童年的笑脸写满诚信。它仿佛在告诫我们，千万不要因为教育的失误，而把那本来写满的诚信从孩子们的脸上抹去。

一个在 21 世纪初义务教育的普及率还只有 35% 的省份，经过 8 年的攻坚，终于达到了"双基"的基本要求。这是何等巨大的变化啊，其中不知浸透了多少人的辛勤汗水。贵州省的一位副省长感慨地说："我们真是想尽千方百计，说尽千言万语，吃尽千辛万苦，走遍千山万水。"我想，不正是有了这种拼搏与奉献的精神，有了这种科学与求实的态度，他们才调动了千军万马，克服了千难万难，惠及了千村万落，造福了千家万户，从而写下了贵州教育史上最为光辉的一页，在中国义务教育的发展史上也留下了浓墨重彩的一笔吗？

（原载《中小学管理》2009 年第 9 期）

小"芝麻"和大"茶馆"

北京黑芝麻胡同小学在国家大剧院演出了话剧"茶馆"，在京城教育界引起了轰动。一是因为 40 多位演职人员都是这所小学的教职工；二是因为他们演出的是老舍的名著，是难度很大、要求很高的作品；三是因为这场演出以其精彩进入了国家最高的艺术殿堂。

我怀着深深的感动看完了这场令人难忘的演出，油然而生对全体演职人员的敬意，正如他们印发的说明书的标题所写：《小"芝麻"和大"茶馆"》，从这一"小"事中，我们见到了"大"道理。

也许有人会说，小学教师的任务是教育学生，花那么大精力去做专业以外的事情，是不是有点不务正业。但当演员们满头汗水、带着成功的喜悦谢幕的时候，我从心底里感到：这是一个完全值得骄傲的教师团队，这是一所完全值得信赖的学校。

事实也是如此。学校虽然地处胡同深处，但始终坚持面向全体、全面育人的方向，努力提高教育质量，赢得了家长和社会的赞誉，这和学校高度重视教师文化建设有着密切的关系。他们的实践告诉我们：教师文化就是以人为本的文化，就是提高品位的文化，就是激发热情的文化，就是凝聚人心的文化，因此也就是落实学校的价值取向和学校的教育目标，推动学校健康发展的文化。

教师文化建设必须体现以教师为本，尊重和关爱每一位教师。对于一名教师而言，学校不仅是他工作的场所，是他实现自我价值的地方，也是他的精神家园。学校有责任帮助他们创造和享受幸福的人生。黑芝麻胡同小学正是让教师不仅在工作中，而且在业余生活中感受人生的充实，体验成功的欢乐。

教师的品位直接影响学生的品位，这一品位在很大程度上取决于人的审美情趣。创造条件提高教师热爱美、欣赏美、创造美的情趣，引导教师脱离低俗的趣味，培养高尚的情操，使教师的精神境界不断升华，这既是我们加强教师队伍建设的需要，也是全面推进素质教育的重要课题。黑芝麻胡同小学组织教师在对最优秀的艺术作品进行再创作的过程中汲取营养，有利于提升教师的精神境界与文化品位。

教育事业不仅需要教师具有专业知识、专业能力，更需要教师充满激情，而教师的激情来自对工作和生活的爱，最终体现为对学生的爱。艺术创造是点燃人们激情的火种，成功的艺术创造又是这种激情迸发的最生动的体现。黑芝麻胡同小学正是力图让教师在参加话剧表演的过程中，深刻理解社会本质，深刻剖析人物内心，并以饱满的激情，通过角色的创造，表达自己的感受，进而引发人们深深的共鸣。

增强教师团队的凝聚力已经成为现代学校组织文化建设的核心内容。教师在合作中凝结成的友谊，对于形成教师团队的凝聚力发挥着巨大的推动作用。黑芝麻胡同小学在排演"茶馆"的全部活动中，无论是学校领导、教师还是职工，都把自己当成一个普通的演员，都在认真地扮演自己的角色，最终共同奉献出具有相当水平的一场演出。这是一次最生动的把心与心拉近的培养合作意识的团队文化建设行动。相信每位参与者都会深刻地体验到团队的可爱、团队的力量。

小"芝麻"演出大"茶馆"，这是教师勇气和智慧的结晶，更是学校管理者勇气和智慧的结晶。从常人看，一所小学的教师要演出这样一部名剧并进入国家大剧院，是难以想象的，但黑芝麻胡同小学的干部教师敢想、敢做，最终把美好的愿望变成了现实。我们在深化教育改革的过程中，同样遇到很多难以解决的问题。有些难题之所以"难"，与我们的勇气不足大有关系。所以小平同志教导我们，面对改革，胆子要再大一些。

学校文化建设是关系学校发展的基本问题。但多数学校难以跳出学校文化建设的一套常规做法，因此，虽然工作做了不少，但学校并无生机。黑芝麻胡同小学打破常规的做法，体现了管理者的智慧和创新能力。它带给我们的启示是：解决教育工作中的种种问题，必须深化教育改革，而改革要突破常规的局限，这需要管理者的创新思维。

我想，学校管理者的勇气和智慧是学校发展与成功的动因。这就是小"芝麻"演出大"茶馆"揭示的深刻的道理。

（原载《中小学管理》2012 年第 4 期）

莫使教育责任边缘化

一位朋友的孩子在英国读中学。他说学校每周都组织学生进行野外的负重行走，学生要背 30 公斤的行李，如果不够重量要用砖头或者石头补足。选择的路线经常是没有人走过的，路上布满荆棘树丛。听他一说，在座的教育界同行几乎异口同声地问：如果学生受了伤，谁负责？

这使我想起几年前的一件事。我和一些学校的领导在日本进行考察，参观了一所名叫"白金"的幼儿园，这是文部省支持的实验幼儿园。由于担心日本的民族精神正在孩子们的身上淡化甚至丧失，因此这所幼儿园进行着一项强化孩子勇敢、坚强精神的实验。我们进到园里，孩子们正在自由活动。有的孩子拿着木棒笑着向我们冲过来，要和我们打斗；有的孩子在沙坑里用水和泥，堆砌自己的"建筑物"；有的小女孩跑着跃过跳箱；有的小男孩下楼不走楼梯，从扶手上滑下来。我们在对这种近乎宣扬"武士道"精神的做法不以为然的同时，也几乎异口同声地问：如果孩子受了伤，谁负责？

教育工作者，特别是校长的责任意识、安全意识的增强是教育事业健康发展的重要保证。每年都会发生一些重大的安全责任事故，造成孩子的伤亡，令人痛心。强化责任意识，对渎职者给予严惩，给受害者予以赔偿理所当然。没有安全就谈不上教育。因此，教育工作者的这种责任感还必须进一步增强。

但是，现在也出现了另一种现象。校长深知如果在校内出现了安全问题，责任重大，赔偿纠纷可能久拖而难以解决。于是，一些地区和学校作出了许多防止在校内或由学校组织的校外活动中出现事故的决定。比如，有的学校减少甚至取消了春游、秋游、参观、考察，以及夏令营和冬令营；有的学校关闭了校内的小卖部，以防止学生吃了小卖部的东西食物中毒；有的学校把学生下午进校的时间推得很迟，中午学生不得在校内停留，以防在此期间学生打闹发生事故；还有的学校的体育课取消了一些规定应当进行，但有一定难度，可能发生受伤情况的动作的练习；等等。

我想，减少在学校发生安全事故的可能，并不等于学生就有了安全。学校取消小卖部以后，学生跑到校外的摊点上去买东西吃，卫生更没有保障。中午不许学生进校，部分学生就在街头游荡，更容易发生事故。学校可以不承担安全责任，但并不意味学生就获得了安全。

据有关媒体报道，北京、天津、上海和重庆四个直辖市，仅去年，中小学生发生的自行车交通事故就达 1.2 万起，受伤的有 5000 多人。这些都发生在校外。没有人会追究学校的直接责任，但学校就没有教育责任吗？所以，当我们把学校的安全责任绝对化，或者规定得不合理的时候，学校就往往会自觉或不自觉地把教育的责任推向边缘。

我又想到，把许多相关因素对立起来，并加以绝对化、简单化，非此即彼，从而造成问题不断出现反复，常常是教育界的通病。要提倡参加社会实践，就鼓励学生多走出去；要强调安全，就要学校少组织校外活动。要倡导奥运精神，就要求学生不畏艰险，更快、更高、更强；要强调安全，就又把该进行的锻炼项目弱化。有的甚至把培养下一代见义勇为的精神和增强他们的自我保护能力也对立起来，说什么为了保护孩子的安全，不再提倡青少年见义勇为了。

这不仅使我想到在企业界流传的穿越玉米地的故事。我们的事业如同进行一场穿越玉米地的比赛，这项比赛要求，看谁穿越玉米地用的时间最短，看谁在穿越过程中掰下的玉米最多，还要看谁在穿越时被玉米叶划破的伤口最少。总之，获胜者必须是兼顾速度、效益和安全的人。

教育事业需要树立整体优化思想，在采取一系列措施使学校把安全责任放在中心位置的同时，千万莫使学校把教育的责任边缘化。

（原载《北京教育（普教版）》2003年第9期）

共同防患于未然

安全问题重如泰山，既是学生健康发展的基础，也是学生健康发展的保障。因此，安全意识、安全知识和安全能力是学生的重要素质，也是素质教育的重要内容。

要增强学生的安全意识。过去，我们讲"一不怕苦，二不怕难"，那是在特定的历史背景下倡导的一种精神。但对孩子们来说，由于他们不具有完全自立的能力，由于他们还没有肩负特定的社会职能，因此，更多的是需要增强他们自我保护的意识。要让孩子们知道善于保护自己是一种美德，因为他们身上寄托着家庭的希望，祖国的未来；要让他们知道善于识别不安全的因素是一种智慧，这反映一个孩子分辨与判断真假、善恶、美丑的能力；要让他们知道善于应对各种突发事件是一种本领，这里面包含着警觉、机智，更包含着规避风险的良好习惯。

要拓展学生的安全知识。安全事故中确实有一部分较难防范，但也有相当一部分是可以规避或者可以减少损伤程度的。自然灾害、房屋设施事故、交通安全事故、食品安全事故、教学活动事故，以及其他人身伤害事故，有些有发生征兆，有些有规避方法，并非完全无规律可循。因此，培养学生的规则意识，懂得关于规则的道理和知识，养成遵守规则的习惯是加强安全教育的基础性工作。

要增强学生的安全能力。许多国家都已把增强安全能力的训练常规化，国家、地区和学校都有有关安全教育的法律或者规定。我曾在日本见到 9 月 1 日全国性的地震减灾演习。能力的增强，一要靠科学的教育内容，也就是要有经过实验的可靠有效的措施，而不要道听途说，人云亦云；二要靠科学的教育方法，特别是重在实践，不能只停留在口头的说教，而应当使这些措施成为每个学生掌握的基本技能。

保障学生安全是政府、社会、学校、家长的共同责任。各级政府采取切实有效的安全措施，并持之以恒，常抓不懈是根本，社会、学校、家长增强保护学生安全的警觉和协作是重要环节，而共同努力加强对学生的安全教育是防患于未然的必要的长效机制。

（原载 2010 年 6 月 15 日《当代家庭教育报》）

第四辑

改变教育行为

教育者的教育习惯是教育理念最真实而又最具影响力的教育行为，从某种意义上讲，一线教育工作者的教育研究首先就是要以所倡导的理念改变自身的教育习惯。

我们的教育科学的发展最终绝不是只为解释某种现象，而是为了能够实实在在地解决问题，提高教育教学的实际水平。

需要实实在在的跨越

我国的基础教育事业正在实现跨越式发展，在发展的速度和规模上，这种跨越已经取得令世人瞩目的成就。但是，历史的经验告诉我们，教育规模的迅速扩大，并不一定和质量的提高同步，因此，大家关注的焦点自然会转移到对教育质量的跨越式提高上来。

我们需要跨越，但是，人们在听到"跨越式"的时候，也不由得会产生一种担心，那就是担心浮夸，担心不切实际，担心华而不实。人们期待的是实实在在的跨越。

通过信息化求得教育的跨越式发展，这点应该说已经取得基本共识。为此，国家对学校的信息技术装备进行了大量投入。但大家更为关切的是：如何才能通过信息化取得教育的跨越式发展？"基础教育跨越式发展创新试验"的课题，正是试图从理论与实践相结合的层面，对学科教学实现跨越式发展的技术路径作出回答。因此，这确实是一项实实在在的创新研究。

这项研究的进程和已取得的成果给我们很多启示。我想，最重要的是告诉我们，教育跨越式发展的研究，至少应当具备这样一些条件。

一是理论的创新性。我们正处在这样一个时期，传统的教育理论相当程度地仍然主导着我们的教学实践，而引进的多种现代教育理论，在给我们带来清新空气的同时，尚难以通过与中国教育实践的整合形成体系。所以，努力创造适合我国国情的教育学，就成为深化教育改革的迫切任务。这项课题提出的关于儿童思维发展和儿童语言发展的理论以及关于教学结构的观点，具有鲜明的特色，其中有些原创性研究对大幅度提高教学水平有着重要的理论价值和实践意义。我想创新的理论准备应当是跨越式发展的重要前提。

二是方法的普适性。我们许多研究，往往是选择了一些有特殊条件的试验点，用良好的设施、优秀的师资、特殊的关爱，甚至用经过精心挑选的学生来保证试验的顺利进行。结果，常常是一试验就成功，一推广就失败。而有些研究，则本来就是为了出一份报告，写一篇论文，根本不想推广，所以更不肯下大力气进行广泛的试验。其实，地区之间，人群之间，存在很大的差异，要探索普遍规律，就必须重视选点多样化，以保证试验成果的普适性。这项课题不仅重视在不同的发达地区选点，而且重视在欠发达地区选点，不仅在信息化设施良好的学校设试点，也在基本不具备信息化条件的学校设试点。这些试点都取得了提高教育质量的实效。学生怀着浓厚的兴趣，在不加重负担的情况下，语文和英语的水平有了超常的提高，其他素质也有了相应的发展，使我们深深感到这项研究具有的实在意义和普遍意义。

三是团队的协调性。由于跨越式发展研究的综合性，这项研究必须要由一个良好的、和谐的团队来进行。实践证明，成功的试验研究，需要教育行政部门的支持，以保证试验的统筹与协调；需要学校领导强烈的改革意愿，以保证对试验进程的把握以及对试验所需的人力、物力的支持；需要教师的蓬勃的改革热情，以始终保持试验过程中的创新精神和实事求是的态度。当然，研究人员对试验的设计、指导和评估更是至关重要的。这项试验给我的印象是所有参与成员表现出了高度的和谐，展现了感人的团队精神。特别是资深的专家和年轻的科研工作者紧密地结合，发挥各自的优势，在理论创新和技术创新方面表现出的孜孜以求的探究精神，更值得敬佩。

跨越式发展研究是实现十六大提出的使人民接受良好教育的重要途径，是摆在教育工作者面前的重要课题，我们需要也应当提倡实实在在的跨越式发展研究。

（原载《基础教育参考》2005 年第 5 期）

关注教育科研中的"快文化"

最近，在韩国的生命科学研究权威身上出现的伪科学事件引起了世界的轰动。该国社会各界普遍认为，这一事件除了与科学家的职业操守有关，与科学研究的管理和监督制度有关，也与当今弥漫在科学界的"快文化"有着密切的关系。

这使我想到，我们的教育科学研究大概也到了警惕"快文化"蔓延的时候了。

我们正在加快教育现代化的步伐，增强自主创新能力，希望尽快缩小与发达国家的教育差距，这当然需要教育科学研究快出成果。但是"快文化"的特点在于以"快"作为唯一的价值取向，这就容易导致一系列问题的产生。因为，虽然有些应用课题可以是"短平快"的项目，但对于多数课题，特别是带有基础性的课题而言，"快文化"常常是轻率、肤浅，甚至是虚假科研成果的催生婆。

现在有些学术著作动辄几十万、上百万字，写作速度之快令人惊诧，其实认真读来，只是七拼八凑了许多材料，并没有多少新鲜的见解。有些单位没有进行多少深入的调研，只搞了一些小范围的问卷调查，就以对这些数据的分析作为依据，然后找几个人集中几天，一人写一部分，再一拼装，一份调查报告就出台了。教材是体现教育培养目标的载体，但是有些教材仓促上阵，未经实验就进入课堂，结果水平不高，没有特色，甚至出现科学性错误。现在教学研究名目繁多、课题林立，但真正坚持进行扎扎实实实验的并不是很多，常常是准时开题，热闹一番，按时结题，一番热闹，过程十分草率，成果是一篇空空洞洞的文章。有些研究工作还没有实实在在的成果，就忙于宣传和推广，结果是一实验就成功，一推广就失败。更有甚者，有些人根据论点的需要编造数据，做出的是一篇篇假文章。

这些现象的背后，都不同程度地有着"快文化"的阴影。"快文化"

的产生受社会浮躁心理的影响，但也有某些体制上的因素在起作用。比如我们实行任期目标责任制当然是必要的，但有些教育科研项目是不可能在任期内完成的。年度考核是推动工作的重要方式，但要求教育科研都在年度内出成果，则只有一"快"了之了。特别是一些实验周期较长的课题，一般人就更不愿意承担了。因此，尽快建立适应教育科研需要的管理制度，是防止"快文化"蔓延的一项重要措施。

近日，著名教育家温寒江先生主持的"发展形象思维的理论研究与教学实验""十五"期间的研究课题结题。这项研究历时 15 年，有500 余位教师参与了多学科的教学实验。课题不断汲取脑科学的新的研究成果，从教学实际出发，对思维的内涵，形象思维的一般理论，知识、技能、能力与思维之间的关系，技能、能力、创新能力之间的关系等问题提出了新的见解，并以发展形象思维为突破口，通过多学科的教育实践探索了教学改革的新路。这项研究富有基础性、前沿性和创造性，为推进素质教育充实了理论依据。我深深地被温先生以及课题组的同志们兢兢业业、持之以恒的精神所感动，也非常赞赏北京市教育科学规划办公室能够把一项课题从"八五"、"九五"到"十五"连续列为北京市的科研重点课题。在这里，我看到了一种真正的科学态度。

全面推进素质教育是一场深刻的变革，有许多课题需要我们探讨。而教育科学研究的成果直接影响教育的决策，影响教育改革的方向，影响教育改革实践的进程。因此，应当将切实提高教育科研水平，保持教育科研成果的科学性作为基本要求，切莫使"快文化"在教育科研领域蔓延。

（原载《北京教育（普教版）》2006 年第 2 期）

深化尊重教育的实践研究

"尊重教育"这个课题经过 12 年的研究结题了，并且将开始新一轮的研究。这个课题的时代意义是很明显的，虽然在课题刚提出的时候，我们还很难领会它的意义。

现在，联合国大会提出了 DESD，就是将 2005 年至 2014 年作为可持续发展教育十年。联合国教科文组织制定的实施规划把 DESD 的核心理念定位为尊重，提出要尊重他人、尊重环境、尊重多样性、尊重我们星球的资源。这样，尊重的理念就不仅仅是德育的切入点，而已成为整个人类可持续发展的核心理念。

新中国成立以来我们大致经历了四次大的教育改革：第一次是新中国成立以后，针对旧社会教育所进行的改革；第二次是 1958 年，提出了教育为无产阶级政治服务、与生产劳动相结合的教育方针；第三次是 1966 年文化大革命，提出资产阶级统治我们学校的现象再也不能继续下去了。第二次、第三次的教育改革主要是强化了教育的政治功能。第四次是十一届三中全会以后，提出教育要为现代化建设服务。但是，在一段时期里，我们对教育为现代化服务的理解主要侧重于教育要为经济建设服务，即把现代化建设等同于经济建设。可以说，这四次改革所围绕的都是教育的功能问题。党的十六大以后，提出了"以人为本"的理念。"以人为本"对我们调整教育观念是一个重要的指导方针。也就是说，我们要从为人的发展服务与为社会的发展服务相统一的角度考虑教育功能的定位。我想，尊重教育是"以人为本"在教育上最重要的体现。和谐社会最主要的特点就是它的同一性、包容性和调适性，实现和谐就要解决尊重问题。

因此，无论是从国际发展潮流还是从我国的教育发展目标来看，"尊重教育"课题的时代意义都是很鲜明的。

我前几天参加了日本第 62 届教科文联盟全国代表大会。会议的主题是"和平与理解"，强调的观念也是尊重。会上，1000多位日本教科文协会的代表几乎发出了同样的声音，那就是加强国际理解，特别是尊重历史。现在，日本年轻一代的观念是忘记过去，面向未来。但是老一代人提出，应该尊重历史，面向未来。所以，"尊重"这个概念是有普遍意义的概念。研究这个课题的科学性就在这里，因为它符合时代要求。

这个课题的研究体现了理论与实践的有机结合。课题提出以后，同志们不断地在实践中深入探讨，积累了丰富的、生动的案例，同时在案例研究的基础上加深理论研究。因此，进一步研究这个课题仍然要坚持理论和实践相结合的原则。现在对于尊重教育的理论已经有了比较完整的阐述，但有些问题还可以作进一步的探讨。

比如，关于比较研究。尊重教育理论对其他理论也应该有更多的尊重和包容，不是简单地排斥其他理论，要汲取其他理论中可贵的东西。另外，"尊重教育"的重点定位一是研究个性发展，二是研究规则意识。但是，个性发展和规则意识在教育实践中是矛盾的，我们怎么把它们统一起来？

今天介绍的经验也提出了一些需要进一步思考的问题。比如，一位老师介绍了一个案例，这个案例的重要突破，就是我们不仅要教育学生学会坚持，而且应当教育学生懂得放弃。"尊重教育"开题后不久，我曾写过一篇文章《留下思索的空间》，提出要拓展学生选择的空间。过去，我们告诉学生你只能这样做，现在是让他们自己学会判断、选择。什么是教育，从某种角度看，教育就是帮助学生学会选择。现在学生知道，除了选择坚持之外也可以选择放弃，这是进步。但是，这不等于说学生已经学会了选择。学生在什么情况下应该坚持？在什么情况下应该放弃？还是不管在什么情况下，坚持也对，放弃也对？这些问题需要我们进一步研究。如果我们研究出来学生在什么情况下应该选择坚持，在什么情况下可以选择放弃，那么我们就帮助他学会了选择，那就是真正的教育。

这个课题坚持了共性与个性结合的原则。规则意识实际上更多地强调了共性问题，而个体发展重点强调了个性问题，这两者怎么结合起来，也是需要我们很好地研究的问题。最近北京刚刚举办了国际公民教育论坛。在论坛上，大家对于公民教育的理解也有类似的分歧。有些人强调，公民教育是为了在中国推进民主化进程，因此重点在于突出公民的权利，要让学生学会行使自己的权利。另一些人则认为，公民教育归根结底是要实现责任与权利的统一，重点在于培养公民的责任感，每个公民首先要承担义务，同时要会行使权利。在实践中，如何实现这种统一，如何把握这个"度"，也是十分现实的课题。

像这样的问题还有许多，需要我们进一步研究，以丰富尊重教育的理论。其实，最好的科研成果不是回答了大家的一切问题，而是提出了许多新的值得思考的问题。这才是课题最重要的价值。

这个课题的研究，下一步要定位在把"尊重"不仅描绘成一种非常理想的图景，而且把它变成一种非常现实的行为。这个行为，包括尊重应该表现出的行为，以及怎样能够使学生形成这些行为的教育行为。比如，尊重的理念讲到人和人关系的平等。平等在不同的国家的表现是不一样的。在美国，儿子叫爸爸就直呼其名，这是平等的体现。但是，我们的国家有我们的传统，我们有我们的礼仪，中国尊敬长辈的礼仪同样也是平等的体现。所以，概念的平等和行为的平等是两个相关联又不太一样的东西。我们需要研究的是，在行为当中怎样体现平等。所以我们要更多地研究行为，从行为中研究道德的体现。这个课题的生命力也就在这里。

"尊重教育"的课题，越研究问题越多，越研究越有意思，越研究越有实践意义。最近，全国教育科学规划领导小组办公室的一位负责同志说，我们花了很多钱研究了很多课题，最后买回来很多概念，到底应该怎么办大家还是不知道。我想，这个课题的好处就在于研究了许多应该怎么办的问题，而且一步一步地深入。这就是这一课题的价值所在。

（2006 年 6 月 9 日在"尊重教育"课题结题会议上的讲话）

以科学的态度跨越

　　在厦门的一个夜晚，我第一次见到慕名已久的何克抗先生。何先生精神矍铄，滔滔不绝地向我从头介绍他所进行的跨越式发展的实验。从语觉论的理念到现在教学存在的问题，从他的教育追求到已经进行的课堂教学实验。我为他的激情和执著而深深感动。

　　应当说，我对"跨越式发展"的提法总是心有余悸的。我觉得教育教学是一项长期积累、稳步推进的工作，来不得半点虚假，来不得半点浮夸，语文教学尤其如此。我们在历史上已经吃尽那种盲目追求速度和跃进的苦头。带着这种疑虑，我在深圳和广州先后参观了何先生的几所实验学校，观摩了实验班的课堂教学，看了学生的作业，并且和相关人员进行了座谈。结果，我由感动到惊诧，由惊诧到赞叹。我终于相信，这的确是一项成功的实验。

　　为了提高我国语文教学的水平，许多教师都进行过多种多样的改革尝试，都试图解决培养能力、提高素养、增强效益的问题。这些改革实验已为提高我国基础教育，特别是小学教育的语文教学质量作出了贡献。而何克抗先生的研究确实鲜明地体现了语文教学跨越式发展的特点。

　　这种跨越首先是理念的跨越，而这种理念的跨越又是基于实践得出的结论。传统的语文教学在相当大的程度上受皮亚杰儿童发展阶段论的影响。皮亚杰关于儿童思维发展的研究，不仅建立了一种儿童认知或思维发展的理论，而且也创造了研究儿童心理的方法。但是，何先生的研究对皮亚杰划分儿童认知发展阶段的依据、标准，以及由此得出的儿童认知发展阶段的划分结果提出了质疑。何先生通过实践指出了皮亚杰儿童认知发展理论的缺陷，进而提出了新的有关儿童思维发展的理论以及基于这一理论的具有创新性的儿童语文教学理论。他从小学语文教学的教学思想、教学观念、教学设计、教学模式、教学方法与教学策略等方面构建了小学语文教学的新的理论体系。正是这种理论的创建，使语文教学实验有了新的突破。

何先生指导的语文教学改革实验是建立在网络时代背景下的，它充分运用教育信息化手段，以教育信息化带动教育现代化，体现了跨越式发展的时代特点。在我到过的学校和我听过的课中，信息技术的功能不再仅仅是增强课堂教学的直观性、动态性和交互性，它的应用范围不断扩大，既包括课堂教学过程，又包括学生阅读、写作、相互评改与讨论的过程，还包括家长、教师、学生之间交流的过程。信息技术的运用既服务于语文教学共性要求的落实，又服务于学生个性发展的需要。作为现代教育技术重要组成部分的信息技术正在促进着语文教学理念的转变、语文教学过程的整合和语文教学面貌的改观。

教育研究的科学性首先来自务实精神。何先生的实验坚持从实际出发，追求实效。这项实验的样本是从不同类型的学校中选定的，既有条件很好的城市小学，也有条件一般甚至条件较差的农村学校，实验班级的学生并没有经过特殊挑选，也没有专门为他们创造特殊的条件，这样做是为了得出带有普遍性的规律。这项实验的目标也是明确、具体的，即力图通过两年左右的时间，使儿童掌握 2500—3000 个常用汉字，能顺利阅读通俗读物，并能写出 800—1000 字的结构完整、通顺流畅的文章，最后做到"能读会写"。他们在许多学校的实验都达到了这一预期目标。这就是说，他们用四个学期完成了原来需要用十个学期才能完成的教学任务，在不加重学生负担、努力提升学生全面素质的同时，使教学效益提高了一倍多，在教学效果等方面实现了超越式发展。

现在，何先生将自己的理论与实践的精华展现在《儿童思维发展新论》一书中。这本书凝聚着一位老教育家的赤诚、胆识和智慧，凝聚着何先生所带领的团队持之以恒的创新实践，也凝聚着实验学校领导和教师辛勤的探索。本书作者不仅给我们指出了一条重新认识儿童、发展儿童思维和提高小学语文教学质量的途径，更重要的是为我们树立了一个扎扎实实、以科学的态度寻求中国教育跨越式发展之路的榜样。

　　在此，我对何克抗先生和他的团队表示由衷的敬意！

（何克抗著《儿童思维发展新论》书序）

一项具有深刻意义的教育研究成果

　　"发展形象思维的理论研究与教学实验"课题已经研究了十五年，在理论和实践上都取得了很重要的成果。我想谈四点体会。

　　第一点：课题的研究成果为全面推进素质教育充实了科学的依据。全面推进素质教育的提出，一方面根据社会主义现代化建设的需要，一方面针对原来教育所存在的问题，同时也有一个很重要的原因，是要真正使我们的教育建立在科学的基础上。所以，江泽民同志当初提到，我们推进素质教育，是为了开发人的潜能。"八五"期间，温寒江同志主持编写的《开发右脑——发展形象思维的理论和实践》一书出版，李岚清同志看了以后，非常重视，在上面批注了100多处。然后，召开了一个座谈会，当时我陪温寒江同志去作了汇报，当时任教委主任的陈至立同志和科技部部长朱丽兰同志以及许多心理学专家、文艺界的专家和一部分教学专家都参加了会议。岚清同志认为我们的素质教育是科学的，是符合规律的，也就是要真正把人的潜能开发出来，他认为对形象思维的研究正是对人的全面素质进行开发的核心问题。当时他提出这个课题要研究下去。课题的研究之所以引起那么多的关注，首先是觉得它在宏观上充实了全面推进素质教育，充实了素质教育的科学依据。我们的素质教育要面向全体的学生，提高整个的国民素质。面向全体学生的全面素质的提出，也是针对我们原来单纯重视学生抽象思维发展的片面性。原来我们只侧重于抽象思维的发展的时候，就容易把学生按照这一标准分为好学生和差学生。有一些学生在其他方面的能力比较强的，我们并没有给他们恰当的评价。素质教育提出要全面发展学生的素质，就是针对我们过去的只重视学生某一方面的素质，像张厚粲同志所提出来的，只重视传统智力理论里面提出来的以语言能力和数理逻辑能力为核心的这种智力的发展，而忽视其他方面的发展，特别是忽视形象思维的发展。我们提出来素质教育要以德育为核心，实际上也是针对德育本身长期存在的针对性、实效性差的问题。过去认为只要是学生接受了道理，那他就是有了认识，有了认识就会自动转化成情感，就可以变成行动。实际上就是缺乏对德育过程的深入思考。我们提出素质教育的重点是要培养学生的创新精神和实践能力，这更是一个需要全面发展学生思维的课题。所以，这个课题的研究确实是充实了全面的素质教育的科学依据。关于素质教育问题我们现在正在根据中央领导同志的指示，进行全面、系统的调研，情况正在进行汇总。我想，在这些调研里面涉及许多理论和实践问题。温寒江先生所主持的这个课题的研究，确实是为我们进一步探讨推进素质教育问题提供了重要的科学依据。

第二点：课题研究探讨了形象思维的理论，取得了有价值的成果。这个成果的价值是突破传统的、单一的智能理论，发展了形象思维的理论。这项研究在理论上提出了一些新的见解，比如说关于知识、技能、能力跟思维之间的关系的见解，关于思维内涵的新的见解。这些研究确实是具有前沿性、创造性的。比如关于创新能力的研究，课题的研究成果提出技能的高水平综合形成能力，而能力的最高表现形式就表现为创新能力。这样就较好地解决了技能、能力、创新能力之间的关系。这是我接触到的一种比较新的见解，也就是说在理论上有突破。现在我们的教育科研领域相当广泛，但是大部分还是停留在一般的经验总结上。真正在理论上能够提出新见解的，应该说是比较少的。这一项研究确实是试图解决一些理论问题，如知识与技能的关系、技能与能力的关系、能力与素质的关系，这些是过去长期理得不太顺的。这个课题的研究成果基本上把这些关系理顺了。我想，这给我们的启示是教育科研需要有理论的突破，教育的创新需要有理论的创新。温先生的这个课题，从一开始就注意到了这一点，即我们过去的教育长期存在的片面性，反映了教育理论的缺失，需要我们研究教育理论。因为上一个世纪从杜威的理论，到后来的布鲁纳的理论，以及新中国成立以后的凯洛夫的理论，这些都对我们的教育影响至深。特别是凯洛夫的建构主义理论对世界教育的影响很大，布鲁纳的理论是在改革开放之初，对于我国的教育影响比较大。这两种理论总体上来看是比较强调知识的传授，应该说相当程度上带有不同程度的片面性。所以完善教育理论，避免由于教育理论的缺失而带来教育实践的缺失，这是现代教育科研需要认真地来对待的问题。否则我们的教育改革也只能流于形式和做表面文章。

第三点：课题研究进行了发展形象思维的教学实验，取得了成功的经验。课题的可贵之处在于，一方面对我们原有的教师的实践经验进行了认真的总结和提升，像马芯兰同志对数学教学已经进行了多年的探讨，取得了成功的经验，课题对其进行了深刻的理论阐释；另一方面就是以理论来指导各个学科的实践，把思维放在教学的中心，建立两种思维相结合的教学形式，研究在教学中怎样发展创造性思维，培养创新能力。同时，研究现代教育技术的应用、师生之间的民主合作、和谐的师生关系等这样一些教学当中遇到的实际问题。这一点是非常重要的，因为我们在推进教学改革，包括课程改革的过程当中，有两个问题是值得关注的：一个就是领导的精力是不是真正地放在了教学的研究上，是不是关注素质教育和课程改革的进展。最近北京市西城区教委提出，区教委所有的人都要到学校去，一周必须去听两节课，原因是区里为学校服务和对学校进行管理的人必须了解学校的教学改革，了解学校的课堂现在变成什么样子了，现在的课改已经进行到什么程度了，这样才能完成领导和服务的任务。实际上学校里面也有一些领导同志主要精力没有放在课堂上，也没有放在研究课堂教学的改革上。另外一个问题就是由于没有一个正确的、完善的教育理论作为指导，课程改革容易存在一定程度的形式主义倾向，甚至存在盲目性。现在有些地区课改也形成一套新模式，要有"三维"目标，每堂课的教学设计就按"三维"目标填个空，要有多种手段的综合运用，课堂上就把十八般武器都用上，要有多媒体展示，要有研究，要有讨论，要有什么……这样也容易产生一种倾向，就是用一种新的模式来代替原来旧的模式，这种新的模式也变成了一个套路，也变成一个相对僵死的东西。有人来听课那我就把这一套拿出来。其实教学总是有套路的，每一个套路也都有它的价值，但是如果这种套路变成僵死的，那就又回到原来走的那条路。所以，用正确的理论来指导实践，才可能有生命力。在这个课题的探讨过程当中，提出了创造性思维是抽象思维跟形象思维的新颖的、灵活的、有机的结合。我想我们的教学改革本身就是一个创造，这种创造也应该是两种思维的灵活的、新颖的、有机的结合，同样，不能够把它搞成僵化、搞成套路。我们听课的专家点评的时候，也不能用一个套路来评价所有的课，认为只要是不符合我这个套路的课就都不是好课。所以，这个课题的研究注重在教育教学实践当中，体现发展形象思维的理论，这是非常重要的。实际上，没有教学面貌的根本改变，就不可能有真正的素质教育。

第四点：课题研究体现了理论与实践相结合的科学态度。这项课题研究始终采取正确的方法。其一方面进行理论的探讨，一方面紧密联系实践，反过来从实践中提炼出观点并形成理论。既不是照搬一个什么理论，又不是简单的实践总结，而是把这两者很好地结合起来。在课题研究过程中所体现的精神，使我们深受教育。第一个就是兢兢业业，持之以恒。这个课题已研究了十五年，现在还在继续进行。最近韩国生命科学研究中出现的伪科学现象引起世界轰动，韩国的学术界认为原因之一是弥漫于学术界的急功近利的"快文化"，我们有没有这种急功近利的"快文化"呢？我认为这种"快文化"也不少。什么东西都单纯要求快，一个东西研究了两下，琢磨琢磨，甚至于在电脑上拼凑拼凑，一篇研究成果就出来了，然后再拿去一评奖，就得奖了，作者也就变成了有名的专家了。有些地区培养"名师"也是这样，为做一节公开课牺牲了十几节甚至二十几节常态课来准备，大家一评这是一节好课，这个老师也就出名了。我想，这些"快文化"实际上妨碍我们坚持科学的态度。教育研究需要反复的实践、反复的论证，需要踏踏实实的探索。而从温先生到所有参与课题的同志在研究过程中都是坚持兢兢业业、持之以恒的态度，这是非常值得倡导的。另外一点，就是勇于创新，勤于实践。这个课题不是教育科研单位的课题，而是一项群众性的研究。群众性的研究，敢于在理论上创新，这种精神是值得倡导的。现在群众性的研究课题很多，但是一般在理论上不敢有多大的突破。这个课题不单在理论上有突破，而且在实践上敢于创新，这体现了科学的态度。再有一点，这次研究，与时俱进，持续发展。这个课题最初在"八五"期间叫做"开发右脑，发展形象思维的教学实验研究"，到"九五"、"十五"变成了"发展形象思维的理论研究与教学实验"，课题题目的变化，实际上体现了对脑科学研究的新的成果的吸收。在"八五"期间，当时还是借用脑科学研究比较流行的观点，就是强调脑半球左右分工，左脑侧重抽象思维，右脑侧重形象思维。但是随着脑科学的发展，从一侧发展理论，发展到多元化的理论。思维的差异不仅是左右脑功能的差异问题，还有脑的结构差异问题，表层和深层的差异问题，脑是个综合的、全面的、模块式的结构。借助于脑科学新的研究成果，这个课题发展成研究形象思维的课题，体现了不断吸取新的研究成果来推动科学研究，与时俱进，始终站在科研的前沿。这一点也是非常值得我们学习的。

五十一年以前，我在北京四中读书的时候，温寒江先生是四中的校长。当年他就是以一种科学的态度领导学校，现在他已80高龄，这种态度一直持续到现在。这是一种教育工作者的精神，这种精神就是一生奉献给教育事业，始终孜孜以求，追求一种理想的境界。所以在这里我对温寒江先生致以最崇高的敬意。

(2007 年 11 月 26 日在"发展形象思维的理论研究
与教学实验"课题研究十五周年研讨会上的发言)

关注新的教研症状

最近收到一封邮件，是我的一位在美国哥伦比亚大学读教育学位的年轻朋友发来的。邮件中谈到他在那里学习计算机应用时涉及的许多认知学范畴的研究成果。我看了很受启发，并引起许多联想。

比如，关于多媒体教学中使用动画是否能促进学生学习的问题。他们研究的成果是，与静态图片相比，动画效果并没有更明显地促进学生的学习，这里所指的不包括那些必须用动画模拟或仿真而用静态图片不能实现教学目的的情况。

再比如，文字加图片，或者文字加声音，都可以提高学习效果。但是文字加图片再加声音就是多余的了。也就是说，运用多媒体进行教学，有两种媒体并用就可以了，多于两种媒体实际上是一种浪费。

他说，这些是他在国内时没有接触也没有想到的问题。在国内使用课件教学的时候，总是喜欢用一些动画效果，例如飞进一张图片、字体跳动等，有时甚至将 ppt 做得很花哨。其实这都是耗时费力且没有明显作用的，这些在美国的学校好像已经基本形成共识了。而研究证明，授课者声音高低起伏的变化却能促进学习者的学习，所以，人们在做演讲或授课的时候，ppt 演示文稿多是静态的，而演讲人的声调却是高低起伏的。他回想起来，有一次，国内来的几位访问学者做演讲的时候，把 ppt 上的文字做得片片飞扬、飘来荡去，而演讲者的语调却一直十分平缓、少有变化。

我对他邮件中所说的那些成果的科学性无法作出判断，因为没有做过这方面的研究，特别是没有在中国学生中进行过这方面的调研，但他所提及的问题却引起我很大的震动。由此，我想到了我们的教育科学研究。

北京师范大学一位著名的教授曾对我说，现在我们的教育科学研究大致是两种类型：一种可称之为"国策派"，主要研究中国的教育应当怎么办，另一种可称之为"学院派"，主要研究自身的理论体系如何完善，但是有关学校教育的实际问题却很少有人研究。诚然，教育的国策研究、专家自身理论体系的完善，都是大手笔，都是重要的。但是，我们的教育科研确实存在思辨过多而实验过少，基础理论研究过多而应用理论研究，特别是有效的行动研究过少的情况。

这样，就导致在课程改革推进过程中出现了两种新的教学研究症状。

一种是以概念化的研究取代实效性的研究。比如，把教学手段的现代化等同于信息技术的应用，评价课堂教学单纯以多媒体应用的状况作为标准，而并不重视应用的效果，更谈不上对效果作科学的分析。2007年在北京举行中日小学数学教学研讨活动时，双方共作了11节课，中方的课都有精巧的多媒体应用设计，而日方的课多数是使用原始教具，如木块、镜子等学生动手操作时需要用的东西。我们很难武断地说，日本的教学手段落后，更不能简单地说日本的教学理念落后于中国。上述问题在探究性学习、合作性学习、综合实践课程中都不同程度地存在。大家似乎并不想深究多媒体应用的实际效果，对普遍存在的事倍功半甚至劳而无功的教学效益低下问题，更没有引起足够的重视。

一种是以粗放式的研究取代精细式的研究。主要表现为满足于一般化的教学原则的应用，并且停留于此，缺少对教学环节的精细研究；善于用一般化的原则评价一节课，而缺少对一般化原则应用过程中所涉及的问题的深入研究，更缺少对一般化原则自身的质疑。一位著名的教育专家曾经说过一句发人深省的话，他说，现在是没有教过书的人教别人怎样教书。当然，理念的转变、理论水平的提高需要依靠包括没有实际教学体验的教育理论家。但是，单纯如此，就会出现对教学环节中实际存在的问题难以进行研究与指导等问题。这样，我们的教学研究，甚至教育科学的发展就只能停留在一般化的水平上，而且不同程度地游离于实际的教学工作。

据说，有人问一位经济学家，你们懂得那么多经济规律，是不是一定会发财？经济学家回答说，我们一样可能排在失业的队伍里到处求职，一样可能付不起房租，不同的是，我们可能会用经济规律解释自己为什么会落到这种地步。我想，我们的教育科学的发展最终绝不是只为解释某种现象，而是为了能够实实在在地解决问题，提高教育教学的实际水平。

（原载《中小学管理》2008年第4期）

重视开展"怎样做"的研究

这次的学术年会开得很好，因为全国可持续发展教育工作委员会和北京可持续发展教育协会关于学术研讨已经开过很多次会议，而以案例为主的学术年会很少举行。现在，许多地区都经常开教育研讨会，但多半是就概念谈概念，就理论谈理论，正如全国教育科学规划办主任讲的一句话："我们现在的教育科研就是每年花了很多钱，最后买回了一大堆的概念，但是究竟怎么办，还是没办法，教育的问题还是解决不了。"总起来看，教育科研应当解决"为什么要做"、"做什么"和"怎么做"等问题。在基本解决了"为什么要做"的问题之后，迫切需要研究"做什么"、"怎么做"的问题。今天这个会我们听到了对"做什么"和"怎么做"的探讨，我觉得这是可持续发展教育研究深化的一个体现。

可持续发展教育即"教育为了可持续发展"，是在环境、人口与可持续发展教育（EPD）基础上的发展，实际上就是要解决一个问题——人类会不会像恐龙一样成为一种曾经在地球上出现过的动物，最终灭绝掉。

现在使人类生存受到重大威胁的有战争、环境恶化、资源匮乏等。为了可持续发展，我们就需要解决这些问题，而教育承担着重要责任。所以，联合国大会制订了可持续发展教育十年国际实施计划。"十年计划"的最终目标是，通过教育影响决策者的思维方式，影响人们的行为方式和生活方式。

可持续发展教育所承担的任务，一个是要使我们培养出来的一批学生将来成长为决策者之后，能够做出利于可持续发展的决策；另一个是要使我们培养出来的学生，在日常生活、家庭生活中，能够形成可持续的生存方式与生活方式。

中国在推进可持续发展教育的过程中，抓了两个重点：一个重点是环境资源的教育，一个重点是国际理解教育。通过这样的重点推进，来解决我们面临的环境破坏、资源过度消耗问题和尊重多元文化问题。从这个角度推进，ESD 很重要的一个任务是转变人们的认识和行为。然而，真正转变决策者的认识，转变人们的行为方式与生活方式，确实需要很长时间。

路透社记者在报道北京奥运时有一句话让我感动。他说："北京在明媚阳光的早晨苏醒过来。"北京这个期间确实有明媚的阳光。我去过很多的城市，不管是莫斯科、圣彼得堡还是纽约或其他很多城市，都比较容易见到明媚的阳光，而在北京是比较难见到的。但是奥运期间北京也见到了蓝天和明媚的阳光，这是我们艰苦努力的结果，这给了我们一个信息、一个信心——只要人们行动起来，改变行为方式，就能改变环境。

我们的煤炭和水力资源的占有量不到世界人均占有量的 50%。天然气的人均资源占有量不及世界人均占有量的 1/15。我们的三大污染，水污染、大气污染、空气污染，现在仍是非常严重的。为了保护我们的生存与发展环境，为了履行我国对国际社会的承诺，可持续发展教育必须致力于改变人的生存方式和生活方式。

北京残奥会开幕式有一个非常动人的舞蹈——"永不停跳的舞步"。主人公失去了一条腿，但是她勇敢、顽强，最终在残奥会开幕式上跳出了最优美的舞蹈。她的成功启示我们，在可持续发展教育的舞台上，只要我们不停地实践，也会表演出最优美的舞蹈来，这是可持续发展教育协会的历史责任。这次学术年会是一个非常好的开始，让我们共同努力。

(2008 年 9 月 27 日在"节能减排与可持续发展学校——社会行动项目"
阶段成果汇报会暨北京可持续发展教育协会第二届学术年会上的讲话)

永不停跳的舞步

2008 年 11 月，中国教育学会和北京教育学院等单位联合举办了温寒江教育思想研讨会，同时出版纪念温老师从事教育科研工作 30 年的文集。这是许多教育工作者的心愿，也是作为学生的我的期盼。

教育发展的历史表明，社会转型期需要我们回答的具有挑战性的问题最多；所以涌现的教育家也最多。处于社会转型期和教育转型期的中国需要教育家，也有可能产生杰出的教育家。温老师就是回答了许多带有根本性的教育问题的教育家。

温老师多年从事教育教学工作和行政领导工作。50 多年前，我在北京四中读高中时，温老师就是四中的校长，他先后领导过几所享誉中外的学府。后来，他又多年从事教师教育工作，为北京市的中小学培养了一批又一批优秀的教师。他就是在这样深厚积淀的基础上，在长期从事教育实践的过程中，提出问题，进行探索，开展科学研究的。因此，他既不是单纯的理论家，也不是单纯的实干者，他是一位在理论与实践相结合的基础上构筑学术殿堂的建筑师。

记得温老师编著的《开发右脑，发展形象思维的教学实验与研究》一书出版后，时任国务院副总理的李岚清同志专门在中南海召开了座谈会，主管教育和科技的领导同志以及一大批脑科学专家、艺术家、教育家和心理学家都参加了会议。与会同志对全面开发脑的潜能、促进思维全面发展这一实践研究的方向，给予了充分肯定，并热情地发表了许多真知灼见。对一位普通教育工作者的研究成果，高层领导和专家如此关注，使我非常感动。当然，更使我感动的是，一位普通教育工作者能够创造出引起这么多领导和专家关注的成果。这是全体教育工作者的骄傲，也应当成为全体教育工作者的追求。

既借鉴国外重大的科研成果，又继承中国优秀的教育传统，既学习世界成功的教育经验，又立足探索符合我国国情的教育规律，这是温老师进行教育科学研究的重要原则。他借鉴国内外关于发展的理论，致力于完善教师教育的研究；借鉴国内外脑科学研究的新成果，致力于完善关于思维的研究，并试图在这些领域实现理论上的超越。他在思维科学研究方面的成果，已经初步回答了关于学习能力与创新能力培养的规律问题，这一成果将可能对我国课程改革的推进和教育质量的提高产生深远的影响。

重视教育实验是温老师教育科研的重要特征。现在在教育科研界涌动着一股急功近利的暗流——单纯追求"多出成果"、"快出成果"。有些人可以凭直觉，凭推理，凭一两次问卷调查，就得出许多结论，然后就去宣传、推广。而温老师尊重教育研究的周期，立足于踏踏实实地进行教学实验。关于如何在教学中发展学生形象思维的问题，国内外并没有多少现成的经验可供借鉴，温老师从"八五"期间开始，就边研究边实验，先后经过15年，步步深入地探索。这项课题现在已经延续至"十一五"期间，仍被列为北京市社会科学研究的重点课题，这充分显示出这项研究的强大的生命力。

温老师已经80余岁高龄，仍在带领着一批年轻的有志者不懈地求索。这种对教育事业的赤诚、对教育规律的敬重，这种毅力，这种执著，这种学者的风范，永远是教育工作者学习的榜样。

在北京残奥会的开幕式上，有一个感动世界的舞蹈——"永不停跳的舞步"。温老师有30余年的教学生涯，又从事了30余年的教育科研工作，今天还在为教育事业的发展而上下求索。他在教育舞台上展现出的优美舞姿，充满着无穷的魅力。我们怀着无比崇敬的心情，衷心祝愿温老师的舞步永不停跳。

（原载《中小学管理》2008 年第 11 期）

多一点系统思维

彼得·圣吉（Peter M. Senge）的学习型组织理论提出思维模式的转化——系统思维问题，后来又有人对他的观点作了完善和补充。我想，我们研究教育问题确实应当多一点系统思维。

我们常提"蝴蝶效应"，以说明事物之间都是相互关联的。而我们在考虑教育问题的时候，却常常不考虑问题的关联性，造成教育科学的分支越来越多。一个人对某个领域的问题研究得越来越深，但是对分支间的相互联系和其他外部问题研究得很少，常常用线性思维找到了解决某个问题的好办法，但推出后衍生出来的问题又往往是始料不及的。

对于教育问题，我们不可能像把巴西的蝴蝶和美国的风暴联系到一起似的加以研究。完善彼得·圣吉的理论，需要划定一个界，即对在一定范围内确实密切相关的因素都要考虑到。我们的教育科学研究，有时候就好像是把一面镜子打碎了，摔成一小片一小片，一个人拿一个碎片在那里研究，等把每一个碎片都研究完了，再把这些碎片拼到一起，已经不是原样的镜子，不是事物本来的面貌了。

我们现在最需要的是综合起来去研究，而非打碎了去研究。举个例子，特殊教育的主流化和非特殊教育的特殊化现象。现在，我们在特殊教育中强调主流化，强调学生随班就读，这是为了使这些孩子能更好地融入社会。但是，我们的非特殊教育却在一个劲儿地搞特殊化。比如说对贫穷的孩子，过去我们为他们提供助学金，让他们跟大家一块儿念书，现在我们却要把穷孩子单独弄在一起，组成宏志班、宏志学校。问题是，我们对宏志班的孩子需要进行特殊教育吗？有的搞宏志班的同志对我讲，宏志班的孩子并不完全遵循我们按线性思维推出的逻辑来思考问题：对他帮助他就感恩，感恩之后就立志，立志就有了"宏志"，就成才了。现在有些孩子产生了仇富心理，有些宏志班的犯罪率上升。这是我们原来没有估计到的问题。

非特殊教育的特殊化还不止这些。我们现在习惯于把群体进行分解，然后给不同的孩子戴上不同的帽子。某宏志学校的一位校长告诉我，他们学校有的孩子进大学时提出要求，不要再说他们是宏志生，他们不愿意再"特殊"下去。现在的打工子弟，进城跟着父母的被叫做"流动儿童"，在家的被叫做"留守儿童"，反正在哪儿都得被贴个标签。还有，这些是"独生子女儿童"，那些是"单亲家庭儿童"，等等。我们在研究中根据学生某方面的特殊性对他们作出区分是可以的，但将其作为教育方法并不合适。

如果我们多一点系统思维，也许就不会出现这样的矛盾现象了：我们一方面努力使应该接受特殊教育的孩子融入社会，另一方面又把已经融入社会的孩子从社会中分离出来。

农村办学条件的改善和进城务工人员子女教育的关系也是一个很有意思的问题。我去陕西省延安市延川县禹居镇中学（一所初中）参观时，看到那里的住宿条件和实验条件都很好（西部建设工程投了一大笔钱改善农村学校的办学条件）。但是校长告诉我，该校2007年应该招291个学生，结果只招了80多个学生，剩下的孩子全流走了。有些地方，农村学校布局刚调整完，学校办学条件刚改善，村子就变成了空壳村。现在有两种情况：一种是家长外出打工，子女随着；另一种是子女外出念书，家长随着。禹居镇的孩子到延川县念书，延川县的孩子到延安市念书，延安市的孩子到西安市念书，西安市的孩子跑到别的地方念书。有了空壳村就有了空壳学校，而且这种趋势还在扩大。劳动和社会保障部公布，"十一五"期间，农村富余劳动力约为1.2亿，这些富余人口肯定往城里走；而从用工需求的满足程度看，环渤海地区仅为71%，闽东南地区仅为50%。中国社会科学院曾提出一个报告——刘易斯转折点及其对策研究。刘易斯转折点就是指经济转型期将从劳动力富余变成劳动力短缺。劳动力的供求关系决定农村人口将继续向城市流动。同时，劳动力短缺时代的到来，又要求城市人必须转换思维，善待外来劳动者及其子女。我们如果按照线性思维的方法研究问题，就有可能出现这样的现象：投资几百亿元改善西部学校的办学条件，不少学校的条件虽然达标了，但已经没有多少学生了。

所以，这就需要我们在搞科研和作决策时多做一点统筹研究，多一点系统思维。

（原载《中小学管理》2009 年第 1 期）

要重视教育的实证研究

在江苏昆山举行的国际教育论坛上，北京师范大学党委书记刘川生同志讲了一件说明中美学生思维习惯不同的事，使我深受启发。一次，有人对美国学生和中国学生提出同样一个问题：如果将一张纸对折，那么最多可以折多少次？中国学生不假思索地回答：可以对折无数次；而美国学生在用纸对折以后回答，一般最多不会超过 8 次。

我回家用一张 A4 纸试了一下，真的折到 7 次就折不下去了。中国学生是推理出来的，结论没有什么错，但在正常情况下无法做到；而美国学生是经过实践得出的结论，虽然理论上站不住脚，但确实可以通过实践检验。

这种思维方式的不同，何止是学生？近年来，一些教育专家随便对某些教育现象发表看法，引起轰动效应，但这些看法很难经得起实践的检验。一些地方教育行政部门不断出台一些教育政策和规定，看似态度坚决，但由于在实际中行不通，所以只能朝令夕改、草草收兵。我想，抛开动机等其他因素不谈，以上问题可能都与思维方式、研究方法不当有关。

我们在运用已有的认识解决现实问题时，常常只采用推理的方法，许多看法没有实证支撑，许多决策未经实践检验，说起来好像很有道理，做起来却无法奏效。现在，学者进行的教育研究，也往往是"规范"多于"实证"，成果出得很快，但应用起来很难。

规范研究和实证研究最早是经济学研究使用的两种主要的方法，

后来也用于教育研究。这两种方法都有它的价值和功能，只不过就我国当前的问题来说，我们确实应该倡导多一点实证研究。

规范研究是用各种定律和规律来说明"应该怎样"，并且进行价值判断。这就要求研究者务必以理性的心态对待历史和现实，否则就容易陷入非此即彼的思维困境。规范研究的结论是不是能够成立，取决于其他专家和学术共同体的确认。

而实证研究则是描述现实"是什么"，从而发现规律。实证研究以事实为支撑，得出符合事实的结论。其成果由是否符合事实来检验。即理论得出的结论必须与事实相符，否则结论就不能成立。

我们当然需要规范研究，特别是需要教育家们对那些涉及教育"元命题"的问题进行深入的思考，提出真知灼见。但是，对于应用研究和行动研究来说，特别是当我们对教育实践中存在的问题进行剖析或作出决策时，实证研究就显得格外重要了。

教育的实证研究应当重视运用观察、谈话、检测、个案、特别是实验的方法。直接观察教师、学生和其他人的行为，并把观察结果系统地记录下来；与教师、学生和其他人面对面地交谈，在口头沟通的过程中了解他们的体验；通过问卷测试、操作测验等各种标准化的量表对被试者进行测验，以评定和了解被试者的状态；通过对某一教师或者学生、某一群体或组织在较长时间里连续进行调查了解，收集全面的资料，从而研究其发展变化的全过程；通过在一定的条件下有目的地开展教育教学活动的实验，以观察被试者的感受与反应，并加以研究。

比起那些短平快地得出结论的研究来说，这样做当然需要更多的时间。但是，当经过实践检验的结论再用于指导实践的时候，我们就可以少走许多弯路，同时也最终节约了时间。

由此，我想到了目前正在如火如荼地进行的有效教学的研究。使用哪些理念和方法能使教学更为有效，当然有一般的规律，但是，"有效教学"必须和"教学有效"结合起来，才能真正"有效"。也就是说，我们必须通过实证证明不同学生通过教学活动确实发生了积极的变化，而不能只凭专家确认其是否符合有效教学的原则。

2008 年，美国国家数学咨询委员会在提交的一份报告中，特别强调教育研究应摆脱形而上的逻辑推演的窠臼，应重点鼓励与支持开展严谨、实证的数学教育科学研究，哪怕是一个看似简单、不证自明的观点，也要经过实证研究来证明。

我想，这是很值得我们借鉴的。

（原载《中小学管理》2010 年第 1 期）

改变教育行为

最近看到"尊重教育"课题组编写的一本书——《改变教育行为》。这本书里讲述了 115 个小故事，都是"尊重教育"课题研究者进行理论与实践相结合研究的结晶，生动而深刻。每个故事和它的标题，都在试图回答一个"素质教育怎么办"的问题，都在向许多过去不容置疑的教育习惯进行挑战。我想，这确实是我们应当坚持的研究方向。

《改变教育行为》这本书问世了，这是"尊重教育"的一项重要的研究成果。它的出版体现了一种正确的研究方向。

"尊重"作为一种教育理念，它是中华民族传统文化和当代先进价值观的有机融合，是对曾经一度居于主导地位的教育观念的挑战。以"和"为主线，以"仁"为核心的儒家文化，影响着我国几千年的灿烂文明。"和"所倡导的"和谐"是相互尊重的过程和结果，"仁"所倡导的"爱人"是相互尊重的内心基础，这些都体现着教育的真谛。当现代可持续发展的理念提出以后，"尊重"更成为维系人类生存与发展的根本动因。只有当对自然、对其他人的"尊重"成为共识并见诸行动，才有人类持续生存与发展的可能，所以，以"尊重"为核心价值的教育就承载着更为神圣的使命。回想起来，我们曾经一度停留在教育是培养工具的工具的认识上，从而，将人的发展在教育活动中的地位边缘化，那时谈不上"尊重"。现在，当以人为本已经居于教育活动的核心地位时，"尊重"就历史地成为教育的价值追求。因此，"尊重教育"的研究就具有重要的意义。

基于这种认识，一批有志之士在 15 年以前，开始倡导"尊重教育"，并进行了从理论到实践的有益探索。"尊重"作为一个抽象的概念，好像并不难接受。但是，通常很容易从一种礼节性的层面，对其做形而上的理解。实际上，"尊重教育"既是教育目标也是教育途径，是一种对已经成为积习的教育的否定。因此，"尊重教育"的研究从一开始就坚持了理论和实践相结合的原则，一方面注重建立完整的理论体系，另一方面始终当做一种行动研究看待。特别是由于一线的许多学校和教师的参与，使这种行动研究有了宽厚的基础。所以，在素质教育研究出现殿堂化倾向的今天，这种案例研究就显得格外重要。

15 年来，尊重教育的研究取得了可喜的成果，也给了我们很多启示。

首先，由于教育效果的显现带有一定的滞后性，因此，教育研究必须持之以恒。现在社会的浮躁情绪，不同程度地影响着教育研究，甚至影响着教育研究的评价制度。所以，许多课题常常重视演绎、推理而忽视实践、实验，重视论文写作的华彩而忽视探究应有的耐心。看似成果不断涌现，但结题以后就束之高阁。因此，十五年如一日的持续研究精神就越发显得难能可贵。

其次，要重视理论研究、应用研究和行动研究的有机结合，使研究具有指导教育实践的现实意义。素质教育已提出多年，但是，素质教育究竟怎么办，却仍是难题，这和理论与实践两张皮有关。专家们有许多关于素质教育的论述，有些甚至深奥到很难理解的程度。但实际从事教育工作的同志却依然故我，教育行为并没有什么改变。带有元命题性质的理论研究当然必要，但是如果没有实践研究紧跟，没有丰富的案例支撑，也很难体现它的价值。因此，"尊重教育"研究体现的实践性在今天对所有研究都具有借鉴意义。

最后，要使研究者勇于反思，不断创新，将改造客观世界与改造主观世界结合起来，通过挑战自我来完善自我。研究者居高临下，这是当前教育研究的通病。总认为自己所倡导的、所认同的观念当然已经成为自己行动的指南，只是用来指导别人的行动的。其实，自己认识到的并不一定是自己能做到的，自己能做到的并不一定是自己能做好的。由于自己没有实践的真实体验，所以，很难真正指导别人的实践。教育者的教育习惯是教育理念最真实而又最具影响力的教育行为，从某种意义上讲，一线教育工作者的教育研究，首先就是要以所倡导的理念改变自身的教育习惯。"尊重教育"研究，始终注重引导大家进行教育反思，特别是对教育习惯的反思，通过反思改变自己的教育行为，同时，用自身的实际体验影响别人。所以这是一项具有很强实效性的研究。

在这本书出版的时候，我要向"尊重教育"的倡导者、研究者和实践者致以由衷的敬意！

（2010 年 2 月 15 日为《改变教育行为——
素质教育怎么办》一书所作序）

区域教育研究的可喜成果

——《从教育责任到教育行动》序

读了罗洁同志的书，确实十分兴奋。这是一本以理论创新与地方教育实践相结合为基础的优秀著作，既有先进理念作指导，又有教育实践作支撑，既体现深厚的理论功底，又体现丰富的实践积累，是一本难得的系统论述基础教育的著作，是一本难得的地方教育行政领导者的教科书。

我国教育事业的飞速发展，催生了一批高水平的教育研究成果。在宏观领域，无论是学术层面，还是国策层面，都萌生了许多真知灼见；在微观领域，无论是学校管理，还是教育教学，也创造了许多新鲜经验。但是，从总体上看，中观层面缺乏更多的系统研究与创新，作为教育管理体系的腰部，显得相对细弱，地方教育行政部门上传下达较多，区域教育发展缺乏活力。由于地方教育行政领导确实太忙，难于静下心来学习，潜下心来思考，研究者和研究成果也相对较少。而在我们这样一个大国，分类指导、区域推进是教育改革与发展的重要方针，区域教育的研究，理应成为重要的领域。正因为如此，这本区域教育改革与发展研究成果著作的出版，就显得更加难能可贵。

区域教育研究，关键在于对区域经济、社会和教育情况的准确分析，对区域功能定位的准确把握，对区域教育发展目标的准确确定，对区域教育改革与发展任务的准确规划，以及对区域教育推进策略的准确选取。而这一研究过程，又取决于正确的教育理念、科学的思维方式和对各级各类教育的了解。罗洁同志既是来自一线的优秀教育工作者，又是久经锻炼的行政领导者，他对教育有着深厚的感情、深刻的体验和深入的思考。对首都教育从宏观到微观，内部到外部，表层到里层的充分把握，使他在中观研究上具有坚实的基础。因此，当他走上一个特大城市基础教育的领导岗位以后，可以"在创新的天空翱翔"。

首都北京是国家的政治中心、文化中心，是一个正在快步走向现代化、国际化的特大城市。经济快速发展，社会飞速进步，城市面貌日新月异。北京的教育事业有着悠久的传统、丰厚的积淀，在全国发挥着引领和示范作用。但是，在迈向建设世界城市宏伟目标的道路上，北京面临着严峻的挑战。教育事业还远不能适应转变经济发展方式和促进社会文明进步的需要，不能适应广大群众日益增长的接受良好教育的强烈需求。所以，推进首都教育的科学发展已经成为首都城市建设的重大课题。

近年来，北京市教委在市委、市政府的领导下，在以实现首都教育现代化为主要目标的道路上，迈出了坚实的步伐。可以说，这本书记录了这一历史进程，并且展现了在这一进程中教育行政领导者的思考、探究和睿智。

读了本书，我深深地为书中所阐述的区域教育事业改革与发展的清晰的脉络、整体的构建、前沿的探索所吸引。

首都基础教育面临在实施九年义务教育和普及高中教育之后的巩固与提高的任务。公平、质量与活力已经成为改革与发展的主题。本书虽然是一本文集，但却脉络清晰地展现了北京近年来教育改革与发展之思，推进首都基础教育改革与发展之路，促进义务教育均衡发展之策，深化高中课程改革之举，促进学校特色发展与创新人才培养之行。通过对优质、公平、高效、创新与特色的深入研究的成果，可以使我们从把握首都整体教育改革与发展思路出发，理清基础教育的均衡发展、内涵发展和特色发展的内在联系，理清普及与提高的关系，充分体现了中观管理的辩证唯物主义哲学。

实现整体优化是首都基础教育发展的历史经验与教训，全面推进教育事业水平的整体提高，是防止片面性，防止一种倾向掩盖另一种倾向的重要方法。基础教育是由纵向和横向若干类别和相关因素组成的系统，注重系统研究，处理好各级各类教育与教育的各个相关因素的关系，是中观管理研究的重要课题。本书对首都基础教育改革与发展的战略思考体现了整体性与系统性。既有对首都基础教育改革与发展的完整的政策建议，包括强化市区政府责任，加大城市发展新区优质学校的建设力度；充分利用社会资源，探索多种办学形式；明确各级政府责任，切实解决农村教育问题；用系统论的观点和方法解决减负增效问题；完善基础教育考试、招生与评价制度，推动基础教育的改革与发展；努力提高干部、教师的综合素质。又有对全面提升小学教育整体水平，努力办好每一所初中学校以及推进首都普通高中课程改革的专门研究。这都体现了中观研究的广度与深度。

区域教育事业发展的创新，既需要关注当下不断出现的新动向，又需要关注教育科学的理论前沿。本书充分体现了对教育发展脉搏的敏感性，如书中对"依赖手机，家访成为传说。依赖网络，教师成为奴隶。依赖教参，课堂失去灵魂。依赖教辅，教学成为俘虏。依赖培训，折断飞翔的翅膀"等教育现象的关注。同时，又对许多前沿课题进行了深入的探究，促进了理论与实践的创新。比如，推出了"后示范校建设时期"的学校特色建设的部署，创新了德育工作体系，建设了中小学生健康成长的大课堂，进行了在科学家身边成长、在创新的天空中翱翔的体制建设。同时，对和谐教育、教育综合改革以及可持续发展教育等现代教育课题也进行了深入的研究，取得了可喜的创新成果。

本书中收录了一篇《我们需要有思想的教育家群体》的文章，我想，首都的教育家群体已经初步形成。罗洁同志用他的工作与研究成果证实了他无愧于作为这个群体中的一员，并且是这个群体的引领者和中坚力量。我为此感到由衷的高兴，也祝愿他在贯彻和落实《国家中长期教育改革和发展规划纲要（2010—2020年）》的新的历史进程中，创造更多的业绩，出版更多的著作。

（2010年8月22日为《从教育责任到教育行动》所作序）

尊重和敬畏教育规律

温寒江老师和他的团队二十年来坚持对学习与思维关系的研究，并取得了可喜的成果，受到广大教育界朋友的崇敬。这不仅是出于对尊重和敬畏教育规律者的崇敬，还出于对探索教育规律者的崇敬，更饱含着对坚持不懈探索教育规律的教育家的崇敬。

温寒江老师和他的团队给了我们很多宝贵的启示。

第一，要尊重和敬畏教育规律。温家宝总理在全国教育工作会议上的讲话中说："要倡导教育家办学。教育的发展有其自身的规律。一个好老师，可以教出一批好孩子；一个好校长，可以成就一所好学校；一批教育家，可以影响国家和民族的未来。我国教育事业要兴旺发达，一个重要条件就是让真正懂得教育的人来办教育。因为他们尊重、敬畏教育的规律和价值。"我们的教育事业在前进中存在诸多困难和问题，这些困难和问题的产生，其中重要原因之一是我们常常做许多违背教育规律的事。违背教育规律的人，有的出于不懂得教育规律；有的出于不认同教育规律；有的出于以长官意志代替教育规律；有的甚至出于以不正确的政绩观支配下的决策取代教育规律。结果有时造成困难难于克服，问题难以解决；有时造成一种倾向掩盖了另一种倾向；有时造成困难更多，问题更多。我们之所以要尊重规律是因为教育是有规律可循的，教育规律有的是多种科学研究成果的综合反映，有着复杂的机理；有的其实已经成为常识，人人都能明白。我们许多优秀的教育工作者就是凭着对教育规律的尊重，为许多学生成功的一生奠定了坚实的基础。我们之所以要敬畏规律，是因为违背规律是要受到惩罚的。大到宏观或者中观决策，小到上一节课，处理一件事，帮助一位同学，违背规律常常取得相反的结果，甚至造成全局失误，或者造成终生遗憾。多年来，这样的教训，我们已有很多，苦头也不知吃过多少。我常说，素质教育就是高素质老师进行的教育，我想再补充一句，尊重和敬畏教育规律是高素质老师最重要的条件。正是基于这种理念，温寒江老师和他的团队才能矢志不渝地把对规律的把握作为教育改革的前提。正如教育部袁贵仁部长所说，教育不能不改，也不能乱改。

第二，要坚持不懈探索教育规律。我们对规律的认识总是一个不断完善、不断深化的过程，前人为此做出的努力，为我们积累了丰厚的精神财富。但时代的变迁、社会的进步，使教育事业面对许多新的不适应，产生许多新的困惑，而新的科学研究成果的不断涌现，又引起我们对原有规律的思考。于是对规律把握的过程也就伴随着对规律不断探索的过程。温寒江老师就是从中小学课堂教学普遍存在的枯燥乏味、抽象难懂、死记硬背、高分低能等现象带来的困惑出发，试图探索问题的症结所在，并由此感到教育理论的缺失。脑科学研究的进展为这种探索提供了重要依据，他们把思维作为脑科学成果在教育中应用的结合点和切入点，通过研究试图把当前教学改革从忽视思维、脱离思维的学习理论及其影响中，拉回到学习的基本命题，即学习与思维上来。这项研究从两种思维的基本智能理论出发，特别以发展形象思维与教育关系的研究为重点，打破了长期以来思维研究强调单一抽象思维的局限性。在这一基础上，又进一步研究了思维发展的全面性，并对思维的全面发展与人的全面发展的内在联系机制进行了探索，从而，构建了两种思维的新学习论。当然，任何新的理论的建立，总需要在争论中发展，在质疑中完善。但这项研究对落实《国家中长期教育改革和发展规划纲要（2010—2020年）》提出的创新人才培养模式，注重学思结合，注重知行统一，注重因材施教，有着重要的指导意义。教育研究就是要立足于探索规律，我们现在进行了许多课题研究，也评出了许多奖项，写出了许多论文，但真正立足于探索规律的并不多。特别是对我们面临的许多困惑，往往并不热心于从教育规律上找原因，而是只想采用简单的行政命令解决问题，并把这种简单的行政命令称为教育改革。我想，这是教育改革的悲哀。

第三，要有坚持不懈探索教育规律的教育家。我们的时代需要教育家，我们的时代也最有可能产生教育家。回顾人类的历史，在古代，无论是希腊罗马的教育家苏格拉底、柏拉图、亚里士多德，还是中国的孔子、孟子、荀子；在近代，无论是西方的杜威，还是中国的陶行知，都是产生于社会的转型期。因为在社会转型期，教育的变革往往滞后于社会的变革，于是产生诸多不适应，提出许多需要回答的问题。能够从理论和实践相结合的角度回答其中一两个问题的，我想就是教育家。现在，我国正处于社会转型期，尽管教育事业取得了令世人瞩目的伟大成就，但社会对教育也从未像现在这样存在那么多的不满，提出那么多的问题，因此，中国现在最需要教育家，也最有可能产生教育家。温寒江老师毕生从事教育工作，积累了丰富的实践经验，又有着深厚的理论功底，特别是他对教育事业的忠诚和对教育真谛的追求，使他以一种高度的社会责任感，为探求教育规律，贡献了自己全部的辛劳与智慧。他二十年如一日，带领团队进行学习与思维课题的研究，从不懈怠，永不放弃，这就是教育家的意志，这就是教育家的情怀。从温寒江老师身上可以看出，教育家是在理论与实践相结合，历史与现实相结合的过程中进行教育创新的人。现在有一种风气，就是科研人员和教研人员只是关起门来做文章，既不深入实际调查研究，又不踏踏实实地进行教育实验，靠东抄抄、西引引就作结论，却希望被人称做教育家。我想，这样的教育家我们少些也罢。温老师的团队始终坚持教育实验，在学科教学、学校德育以及课外教育等许多方面进行了大量的探索，创造了许多成功经验，取得了明显的成效，这才是教育家应走的道路。我们期盼有更多的像温寒江老师这样的教育家涌现。

温寒江老师年逾八十，还在战斗。当然，他带领的团队已经成长起来，我相信，他们不会停止前进的脚步。温老师的青春将在他们身上延续，并将放射出更加灿烂的光辉。

（2010年12月9日在"学习与思维"课题研究20年成果汇报会上
的讲话，原载《北京教育学院学报》2011年第1期）

我们需要"转化教育学"

2010年12月30日，同济大学医学院和上海市第一妇婴保健院共同成立了"转化医学研究中心"，看到这则消息，我很受启发。

转化医学研究是连接基础医学与药物研发、临床医学之间的桥梁，已成为引领生命医学未来发展的主流。它将缩短从实验室到临床的过程，把基础研究获得的研究成果快速转化为临床治疗的新方法，从而更快地推进临床医学的发展，最终使患者直接受益。我想，我们也非常需要加强"转化教育学"的研究，以使各项基础研究的成果迅速转化为推动教育事业发展与提高教育质量的力量，最终使学生受益。

现在，教育研究面临"一少一多"两个迫切需要解决的问题。"一少"，即脑科学、基因科学、心理学、信息科学等最新的科研成果并没有被充分运用到教育学的研究，特别是教育实践的应用中来，这使教育的科学化问题始终没有得到有效的解决；"一多"，即教育科研课题中的理念、观点大量产出，自诩以最新的科学成果为依据的各种教育的"有效实践"大量产出，对此，我们缺少科学的评估，其信度和效度难以确认。

前几天看到2011年1月1日正式出刊的美国《新闻周刊》，这一期的封面文章是《如何真正让人聪明》。文章说："若科学家们能像了解肌肉产生力量的机制那样了解智力形成的机制，哪怕只是了解一半，那么，探索改善人类大脑的方式就会变得相当容易。如果人们在脑神经方面有像举重锻炼能够增加力量类似的科学解读，即化学和电信号增加了脑细胞内部纤维组织的数量，那么，人类就可以按此方式改善大脑。"文章又指出，探索增强认知能力的有效方法并非毫无希望，神经系统科学的突飞猛进，正在帮助我们缓慢地揭示认知机理。作者列举了神经系统科学新的研究成果及其对提高人的认知能力的影响。比如，哥伦比亚大学的神经系统科学家认为，更强的认知能力来自更多的神经细胞、更丰富的神经连接、更高程度的神经形成。这一研究成果证明，脑神经的形成和丰富的神经连接能增强人的学习、记忆、推理能力和创造性。又比如，大脑在应对外部信息刺激时如何改变其结构和功能，是神经可塑性研究中最重要的发现之一，这个发现对改变大脑、增强其功能性回路能力的影响是巨大的。将这些研究成果转化为教育行为，是切实推进教育科学发展的重要因素。

应当说，近年来，我们不少专家都进行了许多"转化"的探索，有些已经取得了可喜的成效。如关于"做中学"的科学教育研究、关于借鉴多元智能理论开发学生潜能的实践研究、关于开发学生全脑功能的实践研究等。这些研究高度重视应用其他领域的科研成果，促进了教育活动向更深层次、更有目的性、更为自觉的方向发展。但是总体来看，我们的多数教育研究还处于与其他领域研究的最新成果游离的状态，因此，它们更多地停留在经验层面。其中重要的因素之一，是我们缺少一批"转化教育学"的专家。"转化教育学"应当致力于关注其他领域的科研成果在教育领域的应用。一方面，借助这些成果发展教育科学；另一方面，应用这些理论改革教育实践。

当然，我们现在也不乏打着各种理论旗号的万能的教育妙方或者想当然的教育推理。正如《如何真正让人聪明》一文所说，"神经系统科学家认为，人们在新闻中看到了太多的快速增强认知能力的丑陋的消息，但经得起时间考验的、设计严谨的研究近乎没有。""人们的确能看到不少言之凿凿的确信可通过大量外部介入的办法来提高智力的研究结论，但至今尚无任何一个研究的结论是完全正确的。"这篇文章认为，只有通过对各类研究的证据进行全面评价，人们才能看到真实的情况，而不会轻信一些似是而非的建议。我们现在也存在着形形色色的教育理念和教育方法，有不少似是而非的东西，有的被学校当成一种特色，有的在市场上成为一种品牌。许多观点和做法，一时间大为流行，一时间又被全盘否定。之所以如此，往往也是因为缺少"转化教育学"的专家对各种"转化"的成果进行科学的评估。

发展"转化教育学"，推动多门类的科研成果应用于教育的理论和实践，同时对各种教育理论和实践进行科学的评估，使之正确地应用，这是当前我国教育科学发展的迫切需要。"转化医学研究中心"的成立给了我们非常宝贵的启示。

（原载《中小学管理》2011 年第 3 期）

霍懋征的大爱教育

近日，霍懋征教育思想研究会成立了，这是一项纪念霍懋征老师、继承和发扬优良的教育传统、全面推进素质教育的重要举措。

霍懋征老师是一本教师教育的教科书。从她那里，我们知道了什么是伟大的平凡。她告诉我们，素质教育就是高素质的教师进行的教育。在没有"素质教育"这个概念的时候，就已经有许多像霍懋征一样的高素质的教师，一直在实施着卓有成效的素质教育。如果没有高素质的教师，素质教育将永远是空谈。

霍老师的一生为中国的教育事业积累了宝贵的财富。她从教一生的许多激动人心的故事，让我们深受感动，备受启迪。她用一生谱写了充满人间真爱的诗篇。

爱与尊重是教育的核心，将大爱寓于尊重之中是霍老师教育思想根本的价值取向，也是贯穿在她全部教育活动中的一条红线。

教师对学生的爱是勇于和善于承担起教育责任的基础，没有爱就没有教育，但并非所有的爱都等于教育。霍老师那么深沉的爱，正是体现在她用情感与科学对孩子进行的一点一滴的浸润之中。

她爱学生重在了解。对孩子成长的规律，对孩子每种能力发展的敏感期，她都悉心把握。她告诉我们，要多观察、研究孩子，要知道他们在想什么、生活是否快乐、需要何种呵护、渴望哪些帮助。多了解孩子，是实实在在爱孩子的前提。

她爱学生重在交流。她将深藏于内心的爱，转化为师生之间的深厚情感。师生之间的那种交谈、嬉戏，甚至一个微笑、一个眼神，都滋润着孩子，令他们人性丰满。

她爱学生重在引导。她认为，教育孩子的首要任务是让他们学会做人，这需要教师的不断引导。教师对孩子的放纵或者掉以轻心，都会造成孩子是非的模糊，道德的缺失，甚至行为的失范。所以，她从不忽视对学生的引领。

她爱学生重在尊重。孩子的人格需要一个以生命开始为起点的成长过程，孩子的主动发展源于自信，健康成长源于自强。而对孩子人格的尊重，是培养孩子自信、自强的动力。因此，孩子的任何错误和缺点的出现，都是成长道路上留下的足迹。霍老师从不意气用事，伤害孩子的心灵；从不用"动机是好的"作为原谅自己教育失误的借口。

她爱学生重在示范。学生总是以教师的行为、情感、意志、性格、为人为榜样的。小学时代是一个人的最佳模仿期，教师希望孩子成为什么样的人，自己就要首先去做那样的人。霍老师正是将追求完美的自我作为教育孩子的最好途径。

我们常常把"没有爱就没有教育"挂在嘴边，但又常常将它变成不着边际的宣言。爱是点点滴滴的，情是实实在在的。那点点滴滴所渗透的深深的爱，那实实在在所融入的浓浓的情，才是教育的真谛，才是教育工作者神圣的追求。

霍老师的伟大在于她不仅爱孩子，而且会爱孩子，会科学地爱孩子，她使爱真正成为发挥教育功能的爱，使爱内化为学生成长的方向和力量。

胡锦涛同志希望广大教师"静下心来教书，潜下心来育人"，这体现了他对教师职业心态的高度关注。的确，良好的职业心态是教师专业发展的基础，也是其应有的内涵和重要目标。霍老师不仅重视专业知识的拓展、专业能力的提高，而且始终保持着良好的职业心态。这种积极的心态促使霍老师潜心研究教育教学规律，进行孜孜不倦的探索，不断有所发现、有所创新。她的一生告诉我们，静心才能精心，潜心才出智慧。

霍老师作为一位普通的小学教师，在自己的岗位上踏踏实实地为学生的成长服务，没有做什么惊天动地的事，她是平凡的；但她秉承国家意志，面对社会期望和家长重托，以高度的热情、饱满的精神、超人的智慧、完美的艺术，培养了一代又一代社会主义建设者和接班人，成为人民教师的楷模，因此，她又是一座伟大的丰碑。

霍懋征教育思想研究会将深入开掘和传播她的精神、她的理念、她的思想、她的经验，指引着一代又一代教育工作者沿着她的道路前行。我想，这是对霍老师最好的纪念。

（原载《中小学管理》2011 年第 11 期）

赞 "大师工作室"

热烈祝贺京菜研究会年会的举行，作为今年年会的重要活动之一，郭大师面点工作室的成立，是京菜研究的重要成果，我更表示由衷的高兴。

面点技艺是烹调技艺的重要组成部分，它不仅承载着中华民族历代积累的关于营养的知识、关于加工的技能，还承载着中华民族传统的造型艺术以及蕴涵其中的美学观念和审美情趣，更承载着中华民族和谐的文化追求。因此，上至宫廷，下至市井，面点技艺经久不衰，成为中华饮食文化的一朵奇葩。而京味面点集各路菜系面点之大成，又可以成为中华面点文化的代表。所以，北京的面点应当是京菜的重要组成部分，面点文化又应当是京菜文化的重要分支。

今天，北京市外事学校在校内设立郭大师的面点工作室，这是京菜文化研究的创举，更是职业教育的创举。郭大师毕生从事面点制作，不仅传承了先辈的技艺，也创造了许多新的品种、款式和技术，同时也培养了许多新一代的面点师。但和许多非物质文化遗产一样，面点技艺也主要靠口传心授，因此，整理宝贵的无形资产，加强对传统技艺的研究，以使其更好地传承下去，这是一项重要而又紧迫的任务。工作室的成立，带了一个好头，创造了一种技能可持续发展的形式。

同时，职业教育不仅要服务行业，还应当引领行业；不仅要传承技能，而且要传承文化。当前，社会上存在着重学术型职业，轻技能型职业，重学术型人才，轻技能型人才，重学术类教育，轻技能型教育的倾向。这给职业教育的发展带来许多困难。这不仅影响国家的经济发展，也影响社会的进步和不同类型人才的就业、发展和成功。其原因固然是多方面的，但职业教育本身对学术含量的低要求，和技能含量的低水平，也是职业教育不受重视的原因之一。北京市外事学校京菜研究会的成立，就是提高办学的学术水平与技能含量，产学研相结合的重要举措。现在，学校又率先成立了名家的工作室，体现了对技能型职业、技能型专家的高度尊重。这将有助于进一步提升职业教育的品质和品位，从而促进职业教育为行业提供更高水平的人才，也能发挥对行业发展的引领作用。这是职业教育健康发展的有益探索！

大师工作室成立以后，主要任务应当是整理面点相关资料，研究前辈们创业、敬业的精神，总结前辈们积累的宝贵经验，出版弘扬面点文化和技能的相关著作，培养和培训新一代的面点人才，从而成为京式面点的研究中心、推广中心。

祝京菜研究会不断取得新的进展，祝郭大师面点工作室的面点研究与传承不断取得新的成就，祝北京市外事学校在职业教育创新的道路上不断取得新的进步。

（2011年12月21日在北京市外事学校举行的京菜研究会年会上的讲话）

呼唤"有效作业"

一位朋友转发了一条短信，可能是一位中学生写的——"君子坦荡荡，小人写作业；商女不知亡国恨，隔江还在写作业；举头望明月，低头写作业；洛阳亲友如相问，就说我在写作业；少壮不努力，老大写作业；垂死病中惊坐起，今天还没写作业；生当为人杰，死亦写作业；人生自古谁无死，来生继续写作业；众里寻他千百度，蓦然回首，那人正在写作业；在天愿作比翼鸟，在地一块写作业。"字里行间透着嘲讽，又含着无奈。学生谈起沉重的作业负担如此辛酸，真应当引起我们的高度关注与深刻反思了。

记得改革开放初期，高考恢复不久，学生课业负担过重的问题就浮出水面。当时教学改革的主攻方向是"精讲多练"，努力让学生当堂掌握教学内容。当时围绕"精讲多练"进行了许多探讨，出现了许多成功的教学案例，也涌现了一批名师和以他们为代表的教学法。但后来，"精讲多练"变了味，教师"讲"得不精，但学生课外"练"的负担却越来越重。

近年来，教学研究不断取得新成果。起初，人们关注教学理念的改变，标志性的活动是进行各层级普及课改理念的培训；后来，关注理念在课堂的呈现方式，标志性的活动是研究课。但总体来看，对作业的关注和研究始终没有被提到重要的日程上来。因而学生课外作业负担过重的问题，也始终没有得到很好的解决。

我曾问过一位校长："你了解过老师都留了什么作业，这些作业是不是都有必要，多数学生要用多长时间完成，作业的效果怎样吗？"校长尴尬地说："我还真没有调查研究过。"

美国《波士顿环球报》2011年9月17日刊登了一篇文章《该不该留家庭作业》，文章说：跟校车和午间休息一样，家庭作业是美国教育必不可少的一个环节。对家庭作业，孩子们有多怕，家长们就有多爱。

文章对被教师和家长视为教育"必需品"的作业提出疑问，两名研究者对2.5万名八年级学生的学习进行了调查，发现学生每周多学75分钟数学，该学科成绩平均可提高3%，但其他学科的成绩没有任何改善。研究指出：美国孩子做了至少150年的家庭作业，可家庭作业到底对孩子有什么帮助，仍是一团迷雾。文章最后说，教师不应该只是为了让孩子有事情可做而布置缺乏针对性的作业。我想，我们很缺乏这种研究。

当前学生课外作业负担过重，与我们缺乏对作业的研究有关。我认为，教师留作业存在的主要问题，一是繁杂，各科都布置许多作业，每科教师都觉得自己留得不多，但集中到学生身上，分量很重，有的学校还让学生买很多练习册，其中的很多题都作为课外作业留给学生；二是盲目，留给学生的每一种练习的目的究竟是什么不明确，所留的作业学生究竟要用多少时间完成不清楚，不同的学生需要什么样的有针对性的练习不知道；三是重复，许多练习常常要求学生重复多遍，不少学生做作业就是多次炒冷饭，一遍遍地做无用功；四是死板，许多作业就是背诵、抄写、默写，枯燥无味，学生既不动脑，又不动手，做作业的过程没有增值。

2011年10月初，我去青海参加"两基"国检，在西宁市行知小学，看到他们正在进行一项关于"有效作业"的研究，这使我很振奋。他们拒绝使用社会上编写的各种练习册，各教研组以有效性为原则，反复研讨，精编练习，目前已取得了良好的效果，并在继续进行研究。我从事教育工作这么多年，还很少看见一所学校由校长带领全体教师这么认真地研究作业问题。

最近，我又看到北京奥美学校的部分教师在探讨如何让小学生在课堂上就完成语文和数学作业。他们重倡"精讲多练"，将教学要求分解到课堂教学的全过程，讲练结合，从而改变"课上讲、课下练"的传统方式。经过质量监测，学生的学习效果很好。学校负责教师培训的英国教授斯蒂夫提出："不在于作业做了什么，最重要的是教师怎么对待学生做完的作业。"我想，他的话可以引起我们对作业功能的深思。

"减负"我们喊了多少年，但我们对作业的研究的确很少。我想，"有效作业"研究如果能够普遍展开，应当是一个可喜的开端。

（原载《中小学管理》2012年第1期）

一朵含苞待放的小花

汇佳教育科学研究院的成立，是龙年一朵报春的小花。

一个小小的教育科研机构的成立，迎来了高朋满座，大家云集，今天与其说是一次庆典，不如叫做一次聚会。

感谢各位曾经一道在教育战线上摸爬滚打、同甘共苦多年的专家，也感谢汇佳所有一线的老师和工作者。

我为什么支持成立汇佳教育科学研究院，又为什么邀请大家参与这项工作呢？当然不是因为闲得没事可干，我和在座的各位一样都是忙人，有开不完的会，写不完的文章，做不完的事。

但是，有两个原因促使我支持并大胆地邀请各位一道参与这项工作。一是汇佳教育机构明年将迎来它的20岁生日，20年来它始终坚持正确的办学方向，有着良好的社会声誉，也有着自身的教育专家，以加强教育研究来进一步提升我国民办学校的办学品质是迫切的需要，也是对汇佳最好的祝贺。二是我们国家有实力的教育研究机构很多，但从事宏观研究的多，从事微观研究的少，从事理论研究的多，从事应用研究和行动研究的少，特别是直接建立在民办基础教育和职业教育学校里的就更少。因此，研究院的成立不是凑热闹，不是异想天开，而是一种实实在在的追求。

汇佳教育科学研究院有这样一些特点。

一是民间性。这是民间举办的研究机构，因此，它可以更多地从实际、从需要出发，确定研究课题与研究路径，它可以更自主、更灵活地进行探讨和实验。

二是服务性。这不是一个营利性机构，它的研究主要是实现三个服务：一是为汇佳教育机构的改革与发展服务；二是为民办教育机构的改革与发展服务；三是进而为政府与教育行政部门决策提供咨询服务。

三是建设性。在社会转型期，由于教育不适应社会转型的需要，因此会产生一系列矛盾，又由于社会不同利益群体对教育有着不同的诉求，所以，会产生许多不满。教育研究当然要正视并分析现实的矛盾和问题，但不能成为只发牢骚的俱乐部。因此，不仅要提出问题，更要以满腔热情探索解决问题的方法，哪怕解决了一两个具体问题，也会为教育事业注入信心和活力。

四是开放性。这是一个开放的研究机构，一方面社会各界特别是学术委员可以提出研究课题，可以参与研究课题，可以评估研究课题，也可以在汇佳教育机构进行从学前教育到高等职业教育的课题调研和实验。另一方面要不断扩大广泛的国际合作，使研究院成为教育研究的小小的国际合作平台。

今天成立的研究院只不过是一朵含苞待放的小花，需要各位春风的吹拂和雨露的滋润，但是我希望这朵小花能够不断散发出缕缕清香，为我们的教育园地增添一点暖暖的春意。

（2012 年 2 月 17 日在北京汇佳教育科学研究院成立大会上的讲话）

第五辑

为了真正的教育公平

教育者的责任就是使每个学生都能在原有的基础上变得更好，都能达到他能够达到的水平，发挥他能够具有的才能。因此，教育公平应当是教育机会的公平、教育过程的公平和教育结果的公平的统一。只有面向每个学生、为每个学生发展服务的教育才是真正公平的教育。

如果我们不能给不同的学生提供适合于他们的不同的教育机会，误把对所有学生进行同样的教育视为公平，那么，就不仅会导致实际结果的不公平，而且很可能导致起点上的实质性的不公平。

要正确看待名校与名师

现在，各地都有一批名校、示范校，这些学校在当地政府长时间、多方面的支持下，办学条件是当地最好的，教师是当地最优秀的，学生都是通过考试选拔上来的佼佼者。那么应当怎样来看待这样一批名校和示范校呢？

1978 年，小平同志讲过，为了加速培养人才，为了带动教育总体水平的提高，我们有必要办好一批重点大学、重点中小学。在当时的背景下，提出发展重点学校是很有必要的，实际上也确实达到了加速培养人才和带动教育整体水平提高的目的。

即使在今天，我认为从带动教育总体水平提高的角度看，推动名校或示范校的建设也是很有必要的。给予这些学校适当的投入和扶持，实际上是对创造整个教育未来的投资。从某种意义上讲，名校、示范校是一个国家或地区的教育目前可达到的高度和水平的标志，是教育未来发展的方向。

大约 20 年前，北京汇文中学建立了全北京市第一个语音实验室。当时很多人去参观后都认为太豪华了，在中学没有必要，但我认为，10 年后北京的中学都会有的，果然不出 10 年大家都有了。总要有一部分学校先走一步，这是发展的自然规律，社会总是由一部分先进者来带动的。因此有名校，有示范校无可非议。况且我们现在的名校、示范校中有相当一部分聚集了很好的教育资源，并拥有长期打下的教育基础，这是历史形成的，不能一概认为名校都是造出来的。我们不能割断历史来看问题，要客观、公正地看待名校、示范校，不能都看成是不正之风的产物。

现在重要的是转变我们的质量观。学校的质量观和人才观实际上是政府和社会的质量观和人才观的反映。如各地引进人才的标准就体现了各地政府人才观的不同。政府的人才观会直接影响到家长和学生。

使家长和学生感到必须接受某一种高层次的教育，而且要在某些学校里接受这种教育的人才是人才，这样，就很容易把名校、示范校的功能模式化了。比如说，北京四中是名校，洋思中学也是名校，这就是层次和类型的问题。职业学校里的名牌也是名校，四川省合江县一所民办职业学校有1万多人的规模，开设的大都是适应农村转移劳动力需要的专业，以进城务工为目标来培养当地青年农民，也十分有名。现在也有一些虚假名校，在升学率上做文章，玩数字游戏，这个当然要坚决反对。

现在，我们强调教育均衡发展是正确的，因为均衡是社会公平的体现，也是全面提高国民素质的重要保证。但是绝不能再回到低水平的均衡上去。"文革"时的普及高中教育就是一个例子，乡乡办高中造成了低水平的均衡发展，结果是高中的牌子，小学的水平。我们应该着眼于既发挥示范学校的示范效应，又加强薄弱学校的建设，并且加强优质教育资源的共享，做一个合理的规划，通过扎实的工作来推动教育整体发展。我们不希望不公平，也不希望低水平的公平。实现公平是教育发展的重要原则，提高水平也是教育发展的重要原则。我们的追求应该实事求是，应该把体现教育公平和提高教育水平结合起来。

对当前的名师、名校工程应当怎样看待呢？

我认为，当年小平同志提出搞重点学校建设可以理解为一种工程，没有这一做法，中国就不会产生一批优质学校资源和名师名校。所以，工程不是一概不好。现在为什么会有大量的"工程"的出现？这与我们国家各级财政拨款的投向有关，有了"工程"，财政就有名目划拨资金。

一般说来，应该把整个教育作为一个系统工程，不应该把教育肢解为若干个工程，缺乏统筹容易产生负面效应。

关于名师名校工程不是可不可以搞的问题，而是如何搞的问题。工程是有目标、有措施的行动，关键要看目标对不对头，措施合不合理。如果我们发现了一些可能成为名师或名校的苗子，就应该加以培养，给予奖励、扶持，总结经验并宣传推广，这是政府和教育部门推动教育教学和教师队伍建设的一个重要方式。我们应该以求真务实的态度来扶持一批名校和名师，这有利于教育整体水平的提高。示范性学校的今天就是其他学校的明天。如果有一个目标明确、措施合理的工程，肯定是有利于名校名师的成长的。但是，名师名校产生的基础还是在于学校和教师本身。名师名校不会凭空产生，也不可能简单地用宣传就能吹出来，我们不能无中生有地制造名校名师。

关键还在于搞好统筹，统筹不好，工程质量就难以保证。对各项教育工程如何看待，需要用历史发展的观点来评价，需要经受历史的检验，不能用简单的推理说明对否，现实因素很复杂。

任何时候都没有绝对的均衡发展，哪个国家都是如此。"二战"后日本引进了美国的教育公平原则，这对日本教育总体水平和国民素质的提高发挥了很大的作用。但是，十几年前日本开始反省，认为只把教育公平作为唯一的原则，实质上会形成一种凝固的教育，缺乏活力，难以培养出拔尖人才。所以，此后日本开始进行以和谐教育、宽松教育为主题的启动教育活力的改革。这些经验值得我们汲取。

（原载《基础教育参考》2004 年第 4 期）

为了真正的教育公平

不久前，"嫦娥一号"副总指挥姜景山院士在一次会议上的讲话十分发人深省。

他说，当我们还没有完成卫星绕月飞行的全部准备时，美国拒绝和我们共同合作开发；但当我们实现了升空以后，美国就主动要求与我们合作。由此可见，具有自主创新能力和培养具有自主创新能力的优秀人才是多么重要。同时他又说，即使像"嫦娥一号"升空这样的前沿科技成果也不可能单纯由学术类人才包打天下。比如："嫦娥一号"摄影机上的一块镜片精度要求很高，需要人工磨制，而具备这种专业技能的技师就很难寻找。所以"嫦娥一号"升空，实际上是各类人才通力合作取得的成果。

党的十七大报告提出，要优先发展教育，建设人力资源强国。由姜景山院士的讲话我想到，一个人力资源强国的人才队伍正像党的十六大报告所指出的那样，应该由数以亿计的高素质劳动者、数以千万计的专门人才和一大批拔尖创新人才组成。因此，教育，特别是基础教育，就要为形成这样的人才结构奠定坚实的基础。每个学生由于智力结构不同、所处环境不同、个性特长不同，所以最终成才的类型也不相同。但无论最终他是一位拔尖创新的人才，还是一位专门人才或是一位高素质的劳动者，都是教育的成功，都是教育对建设人力资源强国的贡献。

教育公平是国家的基本教育政策。教育公平包括教育机会的公平、教育过程的公平和教育结果的公平。机会的公平就是"有教无类"，就是政府通过实现基本公共服务的均等化，对公共教育资源进行合理分配，以使不同性别、民族、种族以及不同家庭背景和财产状况的适龄儿童和少年都享有平等的入学机会，也就是使不同的学生都能有接受相同教育的机会。过程的公平就是"因材施教"，就是要针对不同学生的不同需求和不同特点，进行个性化和差异性的教育。要创造条件，满足有学习潜力的学生潜能开发的需要；要改进教学方法，以适应学习困难学生以及有其他学习障碍的学生提高学业成绩的要求；更要重视为学生的兴趣、爱好、特长以及其他优势潜能的发展搭建平台，从而使不同的学生都能够接受适合于他们的不同的教育。结果的公平就是"人尽其才"，正如陶行知先生所说的那样："教育是什么？是教人变。教人变好是好教育，教人变坏是坏教育。活教育教人变活，死教育教人变死。教人不变不是教育。"教育者的责任就是使每个学生都能在原有的基础上变得更好，都能达到他能够达到的水平，发挥他能够具有的才能。因此，教育公平应当是教育机会的公平、教育过程的公平和教育结果的公平的统一。只有面向每个学生、为每个学生发展服务的教育才是真正公平的教育。

我们的学校教育当然要为培养拔尖创新人才奠定坚实的基础。钱学森同志虽然年事已高，但仍然十分关注我国科技领域领军人物的培养问题。在全面推进素质教育的过程中，努力培养学生的创新精神和实践能力，努力改变那种在各学科间"填平补齐"而非"扬长补短"的教学模式，并为一部分具有学术潜能的学生提供发展个性特长的智力引导与宽松环境，都是当前教育改革的迫切任务。但是，学校教育不能一刀切地只形成培养这一类型人才的单一模式，不能单纯把为这一类型学生的发展服务作为学校的唯一目标。基础教育不是选拔个别适合教育的学生，而是创造适合每个学生发展的教育。为各类人才的发展奠定基础，以形成人力资源强国的合理的人才结构，才是基础教育真正应当肩负起的责任。

据说，美国某位总统当选后，消息传回他的家乡，人们对他的母亲说："你的儿子当选为总统，你应当感到骄傲。"这位母亲回答说："我为我当选总统的儿子感到骄傲，但我也为我另一个儿子感到骄傲，他正在我们的庄园里劳动。"

许多学校在举行校庆活动时，都会列举从这里走出的政治家、科学家、艺术家以及其他名人的名字。这些优秀人才无疑是学校的骄傲，但是我想，我们的学校也应该像那位总统的母亲那样，同样为自己学校培养出的所有诚实工作的高素质的劳动者、技能型人才以及其他的专门人才感到骄傲。那将意味着学校学生观、人才观和教育观的根本变化，同时更加彰显学校教育"以人为本"的公平性和民主性。

（原载《中小学管理》2008 年第 2 期）

面向"非理想"的学生

格林斯潘在他的回忆录《动荡年代》中写道："如果想要创造一个经济学的范式，你就需要对经济活动的主体——人，有更深刻的了解。"经济学的研究需要更深刻地了解人，教育学的研究更应如此。

有些人认为，教育学至多是一门准科学，这不无道理。因为我们总是以理想的人作为对象来研究教育模式，正如亚当·斯密的《国富论》几乎把所有人都看成是"理性经济人"一样，我们的教育学也常常把学生都看成是"理想的学生"。于是，我们探索出许许多多以"理想的学生"为对象的规律和模式，以为它们可以在每个学生身上发挥教育作用。当然，这些规律和模式都可以为我们提供指导和借鉴，但它们在实践中往往并不能取得预期的教育效果，这是因为实际上并不存在"理想的学生"。所以，曾经多年担任日本教育学会会长的大田尧先生认为，学校是不可能按照一种模式培养出你所需要的那种人的，因为不同的人只能依照他自身的特性来发展。因此，不同的人的发展存在着各种未知的变量，恰恰是这些未知的变量制约着我们的教育效益，使它充满变数。

教育学需要探讨模式，但是我们绝不能将这些模式神化，并且凭借权威不加区别地推行这种模式，甚或将这种模式作为唯一的标准来评价教育教学工作。我们要重视研究不同的人在自身发展过程中的变量，这样才能减少其对教育效果的制约。

教育面对的人，是不同时期的不同的人，我们用统计学计算出来的种种概率，有助于我们作出宏观的判断，但是，随着转型期社会的快速变化，这种带有普遍性的结论往往并不具有很强的延时性。有时，可能在短时间内，情况就会出现明显的变化。仅从 2007 年对北京市高中学生思想道德发展水平的一项调查来看，与前几年相比，高中学生在对诚信的认同与践行方面就存在显著的负增长，而参与网络游戏和网络聊天的学生的人数又有显著的增加。教育研究如果不认真关注这种变化，只以一般的眼光来看待现在的学生，只用过去探索的规律来指导现行的教育工作，就极易陷于盲目。每个学生的智能、性向以及原有的学习史造成的发展基础与水平的差异决定了他与别人的不同，因此，影响每个人内因发挥积极作用的外因也不尽相同，可以说，教育学发展的原动力就来自这一个个不同的"非理想"的人。如果我们的教育研究只停留在对一般规律进行研究与应用的层面，以假设的学生逃避现实的、具体的学生的挑战，并以固定的模式为标准，对教育教学工作作出评价，那么我们就难以真正引导学校和教师面对现实的、个体的差异，就会限制他们对教育效果的预测能力，当然也就难以发挥学校和教师的创造性。

当前，坚持教育公平是我国基本的教育政策，规范学校的教育行为是建立良好的教育秩序之必须。但是，如果我们不能给不同的学生提供适合于他们的不同的教育机会，误把对所有学生进行同样的教育视为公平，那么，就不仅会导致实际结果的不公平，而且很可能导致起点上的实质性的不公平。如果我们把规范教育行为变成以统一的标准要求学校和教师，误把循规蹈矩、整齐划一的标准视为规范，那么，就不仅难以激发学校与教师的活力，而且很可能导致种种违规行为的发生。

现实生活的挑战催生了新的探索，教育学需要走出象牙塔，直面教育现实并回应现实的挑战。这就要求我们打破教育学已有的边界，不断为其注入新鲜、生动、活泼的元素，实现返璞归真，使教育活动真正面向所有的"非理想"的学生。

（原载《教育科学研究》2008 年第 7 期）

让孩子有尊严

在中国教育学会中小学德育研究分会的文库中，即将增加一本新书，名为《让孩子们有尊严》。这本书将多年来积累的尊重教育的理论与实践探索作了提炼与升华，对"让孩子有尊严"这一严肃的命题作了深刻而生动的解析。相信它会对为了让人一生都活得有尊严而进行的教育改革提供有益的启示和借鉴。

温家宝总理在十一届全国人大三次会议上所作的《政府工作报告》中指出："我们所做的一切都是要让人民生活得更加幸福、更有尊严。"他说，"尊严"主要指三个方面：第一，每个公民在宪法和法律规定的范围内，都享有宪法和法律赋予的自由和权利。第二，国家发展的最终目的是为了满足人民群众日益增长的物质与文化需求。第三，整个社会的全面发展必须以每个人的发展为前提。

这为尊重教育注入了新的生命、新的活力。尊重教育的要旨就是使每个人都生活得更有尊严。而要生活得更有尊严，我们一方面要自尊，另一方面要尊重别人。尊重教育正是一种培养孩子自我尊重和尊重他人的教育。

苏霍姆林斯基说过："没有自我尊重，就没有道德的纯洁性和丰富的个性精神。对自身的尊重、荣誉感、自豪感、自尊心——这是一块磨练细腻的感情的砺石。"的确如此，尊严不是威严。你可以靠暴力获得威严，甚至可以一呼百应，但那不是尊严。尊严不能靠别人的恐惧之心获取，只能靠自身的品德与才华赢得别人发自内心的尊重。因此，我们要引导学生自尊、自信，树立积极进取的精神、不屈不挠的意志和正确的荣辱观；特别要善于从失败中寻找前进的勇气和力量，将每一次挫折作为新的起点。挫折与失败不会使人失去尊严，只有自暴自弃才会使尊严丧失殆尽。我们要让孩子们永远以自身的正直、诚实来维护自己的尊严，而不依靠乞求、讨好，更不依靠投机取巧来换取一时的、表面的荣誉。德国18世纪著名诗人、哲学家、历史学家和剧作家席勒说："不知道自己尊严的人，便不能尊重别人的尊严。"所以，自尊是尊重别人的前提。

要使学生有尊严，关键在于我们必须尊重学生，使学生生成"尊严感"。而尊重学生的前提是平等地看待学生，公平地对待学生。

个人的尊严以人与人之间的平等为基础。尊严就是每一个人的权利都被尊重。因此，尊重教育的首要原则是师生平等。长期以来，我们所倡导的师道尊严，常常是以践踏学生的权利为代价的，因此，学生在教师面前也就失去了尊严。轻则学生不能质疑教师的言行，不能对教师的不公正行为表示不满；重则教师对学生使用侮辱性的语言，甚至对学生实施体罚或变相体罚。尊严就是获得别人的尊重，尊严天然地和平等联系在一起，不可分割。这种不平等的师生关系，常常使学生失去尊严感，久而久之，他们也就丧失了自尊。

当然，普遍存在的另一种现象，是教师对一部分学生很尊重，甚至很娇宠，但对另一部分学生则冷眼相看。尊严是人人共有的平等的权利，正如温家宝总理所说，整个社会的全面发展必须以每个人的发展为前提。这是以人为本的真谛。而有些教师，对那些学习好、表现好或者会讨好老师的学生十分偏爱，而对那些有困难的学生或缺乏礼貌的学生则轻视、蔑视。在这里，教师因对学生主观评价的高低而分出"大尊重"、"小尊重"和"不尊重"。这也同样会极大地伤害部分学生的尊严感。

教育公平当然首先是机会公平，也就是使所有孩子都有平等入学的机会。但孩子是不同的，因此，教育平等在教育过程中就表现为因材施教，最终达到人人成才、人尽其才的结果。所以，公平对待所有的学生，就要树立"每个孩子都很重要"的理念，使每个孩子都能在教师关爱的目光里，体会到自身的价值，体验到自身的尊严。

教师的道德倾向和行为习惯常常是学生价值取向的标准，所以，教师的自尊，教师的为人师表，教师在教学过程中的平等与公正，是培养学生自尊，维护学生尊严的最重要的途径。

有一首歌的歌名是"最好的未来"，歌词中说："每种色彩都应该盛开，别让阳光背后只剩下黑白，每一个人都有权利期待……每个梦想都值得灌溉……每个孩子都应该被宠爱，他们是我们的未来……同一天空底下相关怀，这就是最好的未来。"这应当是对每个孩子尊严的最好的诠释，也是对人的尊严的最好的捍卫。

（原载《中小学管理》2010 年第 10 期）

可贵的有差别教学

在推进义务教育均衡发展的进程中，不少地区提出进行无差别教育，以体现教育公平。而成都金沙小学鲜明地提出进行有差别教学以促进均衡发展，我想，这是素质教育不断深化的生动体现。

"无差别教育"的特定含义是指政府应当缩小公共教育资源配置上

的差距，实现地区与地区、学校与学校之间资源配置上的公平，特别是要通过大力改善落后地区和薄弱学校的校舍设施和教师配备，体现基本公共服务的均等化的原则。

但是，真正的教育公平应该体现在以尊重学生个体差异为前提，使学生充分享受和个体能力相适应的教育机会上。基于这种认识，金沙小学提出了从学生的实际情况、个别差异出发，有的放矢地进行因材施教的有差别的教学，使每个学生都能扬长补短，获得最佳发展。

小学教育是基础教育阶段最重要的一环，金沙小学重视学生的个体差异，让每个学生都得到发展，赋予了内涵发展以教育公平的意义，不仅体现了小学教育的基础性，也回归了基础教育的本位价值。

金沙小学的同志们认为，在一个学习群体里，总体上看，每个个体的生理、心理条件相差不大，这为进行班级教育提供了前提。但在实际工作中，却会轻易感觉出孩子之间的差异，这些客观存在的差异影响着孩子的成长轨迹。特别是两类有明显特点的群体。

一类是学习困难学生。他们感官和智力正常，但学习成绩低于智力潜能的期望水平，没有达到教学目标的要求。这部分学生由于各自不同的原因，最终导致"学业不良"或"学力不振"。这种"不良"或"不振"是可逆的，要创造条件实现这种积极的转化。

另一类是超天赋的学生。不应埋没他们，应该寻找适合他们成长的辅导方法，创造一种适当的环境，给他们以特殊的引导，使他们全面发展，并且使他们的才能自然流露，而不是进行负重式的开发智力的教育。

金沙小学的可贵之处在于他们已经将大班化背景下的个性化教学付诸实践，进行了许多有益的探索。

我认为，他们倡导的"一对一"成长计划，是一项带有普遍意义的实验。

他们认为，在班级教育中，教师一人面对一个班的班级授课对学生个体发展带有局限性，个别学生需要教师多花心思。因此，他们开始摸索教育者一对一或一对几的教育模式。在学习了国内外已有经验的基础上，最终形成了学校的"一对一"成长计划。

"一对一"成长计划通过建立老师和学生、学生和学生、学生和家长、学生和社会人士四种辅导关系来实施。主体是老师和学生的辅导关系。

做法之一是建立"学生成长导师制"。为学生配备成长导师，从每个学生的个性特点和学习实际出发，通过学业辅导、生活指导、心理疏导等开展个性化教育，引领学生健康成长。成长导师坚持个性化原则，承认学生的个别差异，高度重视学生的个性，善于发现个性、研究个性、发展个性；坚持亲情化原则，建立民主平等的师生关系，尊重学生，和学生交朋友，给学生以父母般的关爱，成为学生的良师益友；坚持渐进性原则，遵循青少年学生的身心发展特点和认知水平，循序渐进地实施教育，注重工作实效。

做法之二是"今日有约"。金沙小学每周星期一到星期五早上8:15—8:30，是"今日有约"时间，语、数、外三科教师，利用这15分钟时间，邀约3—5名学生，针对学生情况，进行当面辅导。

做法之三是"每周一练"。部分在某些方面有特长的学生，如美术、英语、科技制作、合唱、舞蹈、篮球、乒乓球、短跑等项目，在学科教师、班主任、家长的协调配合下，组成各项目队伍，学校组织骨干教师担任项目导师，在每周星期五下午，采用一对几的形式组织教学，进行"每周一练"。实际上，参加"每周一练"的同学因为兴趣使然，平时也常和导师"黏"在一起。

做法之四是"选修时间"。小学是培养学生广泛兴趣的重要时期，因此，学校提供更多的选修课程，"选修时间"成了一个超市，同学可以自选项目、自选教师，以满足学生多种选择性的需求。

做法之五是"自主作业"。针对目前各种学习辅导资料泛滥，很多家长试图采用增加作业量的方法来提高孩子的成绩，因此增加了学生的负担。金沙小学一直重视学生作业设计的改革，杜绝购买校外辅导书籍，通过请学科教学专家专门指导，骨干教师带头深入研究，全校教师参与设计，完成了学校自主作业的设计。他们认为有差异的学生做无差异的作业，势必会造成有的学生"吃不饱"，有的学生"吃不了"的现象。作业设计不仅力求促进学生全方位的、完整的发展，既有基础性知识的练习，也有探索性的自主实践活动，而且充分考虑每个学生的实际情况、能力和生活背景，分层次设计作业，学生可根据自己的需要和能力去选择，满足了不同层次、不同水平学生的学习需求，让每个学生都有机会展示自己的才华，使每个孩子在原有基础上逐步提高。

有差别教学是实现孩子个性化发展的重要途径，金沙小学的探索在深化教育改革，推进全面素质教育的进程中，实属可贵。

（原载《中小学管理》2012 年第 6 期）

对评价进行再评价

当教育评价成为推动教育事业发展特别是深化课程改革的重要手段的时候，评价的引领作用已逐渐凸显出来，而此时评价的导向性则成为正确发挥评价作用的关键。

课程改革进行的时间还不长，难以用其他方式检验其教学效果，再加上课改的重要理念是重在教学过程，组织研究课和随机听课，通过课堂表现来评价教师的教学工作，就成为领导教学的主要环节。教学研究人员经常通过对教师的教学活动进行评议，来把握课程改革的方向，促进教师教学观念的转变和教学水平的提高。

近几年来，课堂教学面貌发生了很大变化，特别是在培养学生创新精神和提高学生实践能力方面进行了许多探索，应当说，教研活动的指导功不可没。

但是，当前教师的做课也出现一些值得关注的现象。

一种是程式化。把十八般武艺都要展示一遍，仿佛不这样就难以显示其改革的充分与彻底。图片、动画、投影、音乐都要出现，学生的分组研讨、互相评论、台前演讲，甚至歌舞表演都要进行。课堂气氛之活跃确实体现了学生在学习过程中的主体作用，但是，有些安排明显不是必需的，甚至完全是多余的，缺乏与教学内容和教学目的的必然联系。

一种是作秀式。把课改倡导的一些观念和方式，设计成一些亮点，并将它变成一节课有意安排的"看点"。教师在这些"看点"上着力做好准备，甚至进行反复练习，以使自己和学生熟练掌握。做课是及时将排练好的教学过程再次表演。有些学校，甚至在同一个班多次重复上同一节课，以应对听课的人。这些课进行得确实流畅，但并不是为了适应学生发展的需要，学生只不过是教学过程中的一件道具。

还有一种是"尖子"展示。有些课，在课堂教学过程中，仿佛体现了以学生为主体，整节课学生确实很活跃，而且看得出很有水平。但是，仔细观察会发现，实际在活动的不过是少数几个尖子学生，而且每堂课大多都是这几个学生在活动，多数学生只不过是作个陪衬，有少数学生则从来就是陪衬。这实际上是用少数学生的参与取代了所有学生的参与，以少数学生为主体取代了以所有学生为主体。

凡此种种，由于并不"少见"，因此往往也不"多怪"。我想，出现这种现象的原因固然很多，但评价的导向作用发挥得不够，恐怕也是不能忽视的原因。

有些老师认为，当前课堂教学评价标准固然强化了课堂教学改革的重点，但也应重视全面教学任务的完成，否则评价容易产生片面性。有些老师认为，当前评价教师课堂教学比较关注多种教学方法的运用，评价一堂好课要看教学形式是否多样化，有时容易导致教师忽视内容而盲目追求形式。有些老师认为，课堂教学的活跃程度与流畅性是评价好课的重要尺度，但有时教师采取非正当方式来表现，也在评价时获得了认同。还有些老师认为，有些教研工作者评课时，十分欣赏"看点"，使得有些教师精心设计"看点"，来迎合评价者的心理，以求获得好评。

这些看法提醒我们，在加强教育评价工作的同时，还必须不断改进和完善评价工作。

改进和完善评价工作的重要方式就是对评价进行再评价，我们应当在一个阶段过后，对前一阶段的评价工作进行一次再评价，看一看我们的评价标准是否科学，看一看我们对评价标准的理解是否正确，看一看我们的评价是否把握了教育改革的方向，看一看我们的评价是否激发了教师的创新精神，看一看我们的评价是否陷入了某种程式化或形式主义，更要看一看我们的评价是否有助于提高教师的科学素养。

这种再评价可以在教研人员中进行，可以在被评价的教师中进行，也可以请一部分专家参与进行。通过再评价，不断提高评价工作的水平，以更充分地发挥评价的引导和激励作用。

评价从来就有双重性，好的评价促使教学工作变得更好，不好的评价可能使教学工作的方向更偏。开展对评价的再评价，应该也是深化课程改革的一项不容忽视的工作。

（原载《北京教育（普教版）》2005 年第 6 期）

也谈课堂教学的流畅性

流畅性是评价一堂好课的重要标准，但人们对流畅性的理解却往往存在着很大的差别。

流畅通常理解为流利、通畅。我们经常可以听到这样一些观摩课，教学的过程环环相扣，教师的语言似行云流水，师生的呼应如珠联璧合，我们没有发现一分钟的浪费，也没有发现一点预想不到的周折，一节课就如一个精雕细刻的艺术品。当课堂教学尚停留在"教师讲，学生听"的传统模式时，这应当说算得上是一堂流畅的好课。

但是，当我们把课堂教学看做是师生共同活动的过程时，我们就感到必须赋予流畅性以新的理解。

我听过一节职业学校的烹饪课，教学内容是煎炸食品，实际操作的是"炸香蕉"。教师作了简要说明以后，在锅里放了油，然后，等待油温适度。教室里坐满了各地来听课的人，但好长时间，教师一句话没说，只是不慌不忙地试油温。学生们诧异地屏息观看，听课的同志也渐渐地为这种冷场感到尴尬。我心里在想，从组织教学角度看，这个时间完全可以讲一些其他内容，何必空等。最后，当油温适度时，教师完成了煎炸教学。总结时，教师说：大家要永远记住，在任何情况下，煎炸食物的关键在于保证油温适度。这节课已经听过很久了，但我却从教师的教学过程中，牢牢地记住了这个结论。我相信这节课肯定也会给同学们留下深刻的印象。所以，从形式上看，这节课未必算得上流畅，但却深刻地告诉我们，课堂教学的流畅性首先就表现在顺利地达成教学目标的实际效果。

我听过一节小学二年级的语文课，课文内容是讲一个孩子得了传染病以后被隔离，他的同学们在一个气球上画上笑脸，把气球升到这个孩子的病房窗外来表达他们的关切之心，这个孩子看着窗外的"笑脸"笑了。这节课教师采用多种方式组织教学，提出了一系列问题让学生们讨论，学生们都一一给出了满意的答案，一节课的进程就像无障碍通道，可谓流畅之极。当我问旁边的几位同学，课文最后的"笑脸"为什么加个引号，他们却一个人也回答不上来。我不是说这一堂课一定要讲引号的用法，但我想，课堂教学的流畅性不在于重复学生已知已会的内容，而应更多地关注怎样引导学生解决未知未会的问题。

我还听过另一节小学二年级的语文课，课文内容是讲小狗跑到雪地里，雪地里留下了小狗的脚印，小狗说"我会画梅花了"，小鸡跑到雪地里……教师字词教学有独到之处，讲解十分生动，学生十分活跃，教学进程总体顺利。但有一位同学提出意见说："不应当说'雪地里'，应当说'雪地上'。"教师犹豫了一下，未予回应。我想可能教师事先没有思想准备，怕打乱原来的教学设计，从而搁置了学生这样一个有意思的见解。但我想，课堂教学的流畅性不仅在于原有教学设计的顺利实施，更在于对学生提出的见解的尊重和讨论，从而引导学生构建新知识。

在探讨信息技术和课程整合的过程中，很容易出现一种情况，那就是由于需要做好多媒体软件应用的准备，而不得不将整个教学过程较为严格地程序化，这就造成教师的主导作用和学生的主体作用常常被限制在已经设计好的程序之内。我听过一节初中的语文课，课文内容是南京大屠杀，整节课师生都沉浸在悲愤之中，是很成功的。但教师展示的供讨论用的多媒体资料，把课文中的"扬弃脏物"，写成"扬弃赃物"，把"令人毛骨悚然"，写成"另人毛骨悚然"。这种笔误，在目前发行的多媒体软件中比比皆是，问题在于语文课堂上竟没有一位同学指出这些错误。同学们绝不会看不出来，我想，很可能也是为了配合教师保证观摩课的"流畅性"。课堂教学的流畅性如果变成对教学设计的机械维护，以致削弱了学生提出问题、指出错误的热情，那将是一种盲目追求"流畅"的悲哀。

所以，教学的流畅性取决于教师的学科素养，好的教学不怕有坎坷，善导则流，善疏则畅。只有善于将课前的教学设计和临场的应变能力紧密地结合起来，将预定的教学目标和学生问题的解决以及创新精神的培养紧密结合起来，从而取得提高学生素质的实效，才是我们所追求的流利与通畅。

（原载《北京教育（普教版）》2005 年 7—8 月合刊）

充满活力的研究领域

教育评价从 20 世纪初开始作为一个独立的研究领域出现，80 年代以后引起我国教育界的广泛关注，到现在已经成为我国教育改革与发展的重要课题。

20 多年来，我国的教育评价研究与时俱进。在理论研究方面，已经从最初探讨学生对知识和技能掌握情况的量化测验，进展到测查现实与确定目标的达成度，再到强调对过程的评价以提供未来改进的信息，直到现在把教育评价作为多元主体的多维价值判断过程，一个具有中国特色的教育评价理论框架正在形成。在实践方面，教育评价的范围已扩展到教育的各个领域，涉及的评价对象，已经从最初的学生学习评价发展到学生素质的全面评价，进而拓展到教师评价、学校评价、地区教育评价。评价工具和评价方法也在朝着多样化方向发展。

各级教育督导和行政部门广泛运用教育评价这一手段，督导、检查、评估实施九年义务教育、全面贯彻教育方针、全面提高教育质量的状况，收到了良好的社会效果，提高了教育管理的科学水平。许多学校建立了合理的教师评价制度，调动了教师的积极性，加快了教师专业化的步伐，促进了教师专业水平的提高。广大教师运用评价手段推进课程改革，充分发挥发展性评价在促进学生发展方面的导向作用、矫正作用和激励作用。教育评价正在成为实现教育目标、深化教育改革、增强教育竞争能力的手段和杠杆。

但是，应当说，一个成熟的教育评价制度仍在探索的过程中。我们在现实的教育评价活动中遇到的许多问题，都需要通过教育科学研究和教育改革实践来回答。

比如，将教育评价的基本理念贯穿于不同功能类型的教育评价活动之中的问题。现在的教育评价越来越关注发展性评价的研究，这使评价更多地重视已经取得的进展。评价不仅应当关注我们还没完成什么，更应当关注我们已经出色地完成了什么。平庸的面面俱到并不一定优于某一方面的特别突出。那么，我们如何才能将这些理念融于现实存在的选拔、甄别、评优等有实际影响力的评价活动之中呢？这是关系到教育评价实用性的重要课题。

又比如，评价主体多元化、内容多维度与评价方式和技术简约化之间的关系问题。实现评价主体的多元化是评价改革的一项重要内容。要由一家说了算向多元主体参与评价转变。通过外界评价、自我评价等全方位的评价保证评价的客观性。评价内容的多维度则要求通过评价标准由单一因素向多重因素的转变，更全面地把握事物的本质特征。但实际上，评价工作只能在有限的时间和空间内完成，因此，评价方式和技术能否简约就成为较为理想的教育评价能否实现经常化的一个关键问题。

再比如，关于评价方式的统整问题。追求客观化、量化曾经是教育评价的一个趋势，但实际上，单纯以量化的方式描述、评定被评价者的发展状况，是难以表现现实的丰富性、生动性与不同个性的。有时，我们甚至有可能只评价了易于量化的简单现象，而丢失了教育中最有意义、最根本的内容。质性评价的方法可以更全面、深入、真实地再现评价对象的特点和发展趋势，因此，它是我们正在倡导使用的一种评价方法。特别是当我们更加关注被评价者对评价的心理感受的时候，模糊评价往往能取得更好的效果。因此，如何对评价方式进行统整就成为当前教育评价工作面临的又一个重要课题。

社会主义现代化建设事业对教育提出了新的、更高的要求，也对教育评价提出了新的挑战。面对诸多问题，我们需要对传统的评价理论进行深入的剖析，以新的教育理念，从我国的实际出发构建教育评价体系；我们需要适应教育改革与发展的需要，对不同层次、不同类型的教育评价进行研究和实验，探索科学而又实用的评价方法；我们需要进一步学习和借鉴国外的评价理论和评价方式，以实现教育评价研究的与时俱进。

所以，教育评价确实是一个充满活力的研究领域，在这个领域里我们是可以大有作为的。

（原载《基础教育参考》2006 年第 2 期）

假如只给你半小时

一位校长问我，假如只给你半小时参观一所学校，你又想对这所学校的情况有一个基本的了解，你该用这半小时做些什么？我想了想对他说，我不会把时间用来听学校的汇报，仅有的一点时间也不可能进课堂去听一节课，所以，我会用这半小时来做四件事：第一，检查一下这所学校的窗玻璃；第二，看一下学生的厕所；第三，看学生做课间操；第四，听全校学生合唱一首歌。我想，只要学校不是事先花了很多时间进行准备的话，做了这四件事以后，我就大概可以对这所学校的办学水平有一个初步但不失为准确的判断了。

一所学校教室的窗玻璃是不是经常保持洁净是一件小事，但可以充分反映这所学校的管理水平。从中我们可以观察到以下几点：一是学校有没有健全的管理制度。因为窗玻璃是需要定期擦拭的，窗玻璃不干净往往是由于学校没有保洁制度，而连起码的保洁制度都没有，我们也就很难想象这所学校的制度是健全的。二是学校执行制度是不是坚决。有了制度，但窗玻璃依然不干净，说明学校的制度形同虚设。三是如果学校有制度但始终得不到落实，一定是缺乏必要的检查和监督。四是如果学校保洁主要靠突击，那么说明学校各项制度的执行没有做到持之以恒。

一所学校的学生厕所是这所学校最容易被遗忘的角落，但它的整洁状况可以充分反映这所学校的文明程度。从中我们可以观察到以下几点：一是学校有没有教育学生养成良好的习惯。培养学生有好的使用厕所的习惯是最基本的养成教育。二是学生养成的良好的习惯有没有达到自觉的程度。因为学生在使用厕所时是无人监督的，因此使用厕所的情况完全可以反映学生是不是能够自觉地遵守公德。三是学生有没有形成正确的文明价值取向。即学生有没有把形成这些良好的习惯看成是文明的、光彩的，而把没有形成这些良好的习惯看成是不文明的、不光彩的。

一所学校的课间操是这所学校每天都要进行的全校性集体活动，做操的状况可以充分反映这所学校的精神面貌。从中我们可以观察到以下几点：一是可以看出学校的一日生活和学习的安排能不能使学生保持良好的体力、精力，学生是否无精打采甚至疲惫不堪。二是学生能不能在运动中展现健美的体态、协调的身姿。三是学生的集体精神面貌是不是朝气蓬勃、奋发向上。

一所学校的合唱水平可以充分反映这所学校的团队活力。从中我们可以观察到以下几点：一是学生能不能把自己融入到集体之中。人们常说在合唱中没有"我"，只有"我们"。合唱是对集体主义的最好检验。二是学生能不能自觉地在团队中合作完成任务。合唱展现和谐的旋律，不同声部的和谐体现了每个人在集体中的高度责任感。三是学生能不能为集体创造出的美而感到自豪。合唱表现出的美感是学生整体素养的充分体现。当然，从学生合唱的国歌声中我们更可以感受到学生的爱国情感。

总之，如果在半个小时里，我们能对一所学校的管理水平、文明程度、精神面貌和团队活力有一个初步的感受，那么我想，对这个学校作出一个恰当的评价应当不是一件很困难的事。

当然，了解一所学校绝不是这样简单的事，我也并不主张只采用这种办法来评估学校。但是，我想说的是，一所学校的办学水平或者一个班的管理水平是看得见、摸得着的，素质教育是实实在在的事。我们当然要对素质教育的理论进行深入的探讨，但是，推进素质教育绝不能总是停留在议论上，多做一些推进素质教育的扎实工作，远比空谈许多道理重要得多。

（原载《北京教育（普教版）》2006 年第 3 期）

高中课改中的评价问题

课程改革不是一般性的局部调整，而是深刻的系统变革。高中课程改革更是这一系列变革中最为关键、最为艰巨的部分。它的理念体现了普通高中性质的变化、教育目标的变化和教育方式的变化，其价值取向充分体现了基础性、选择性和时代性。

高中课改的实施，面临三个关键问题，一是以好的课程标准和教材为基础，二是以好的教师和教学活动为保障，三是以好的教育评价制度为导向。三者相互联系而又相互制约，其中评价制度是指挥棒，它在相当大的程度上决定着课改的实际方向。

从实验区的情况看，普通高中的评价制度改革正在按照素质教育的要求推进，并且取得了很大的进展。当然，摆在我们面前的还有一些亟待探讨的问题，这些问题仍需通过进一步的实践来求得更为科学与合理的解决。

　　首先是全面性与综合性的关系。传统的教学评价以学生的学业成绩为主，而学业成绩又局限于学科考试成绩，因此忽视了对学生情感、态度与价值观以及过程与方法等方面的评价。而适应课改要求的评价则注重建立促进学生全面发展的评价体系，不仅关注学生的学业成绩，而且关注发挥和发展学生多方面的潜能，倡导对学生进行综合评价，体现了学生评价的全面性。现在，实践中提出来的问题是，一些地区的综合评价并没有真正体现全面性。因为我们习惯的思维方式是将整体进行分解，拆成一个一个部分进行分析，以求对整体认识得更深刻。但是正如系统思维倡导者所指出的那样，将整体进行分解，有时如同将一面镜子打碎，再还原的时候，很难真实地恢复原貌甚至有可能歪曲原貌。比如，我们常常用设计好的指标体系对学生进行综合评价，但由于我们是将全面发展分解为若干个指标，再为每个指标确定易于检测的要素，然后进行分项评价和综合。所以，这种评价很可能在用要素还原的过程中失真，即它不一定能够真正体现全面发展，甚至有可能曲解全面发展。因此，合理判断全面发展的边界，科学判定全面发展的内涵，以求减少多项指标的综合判断在还原时可能产生的偏差，是保证正确导向的前提。

　　其次是过程性与终结性的关系。教学评价的目的应该是诊断学生学习中的问题，及时调整策略，进一步促进学生的全面发展。但传统的教学评价过分注重结果，轻视评价学生的成长过程。《普通高中课程方案（实验）》指出："建立发展性评价制度，实行学生学业成绩与成长记录相结合的综合评价方式。"这种方式是发挥评价功能的正确选择，在实验区普遍推行的"成长记录袋评价"，是对体现发展性的过程评价的有益探索。实践中提出的问题是，一些地区常将发展性评价与对学生一贯性表现的评价混同，从而使过程性评价失去了其促进学生发展的积极意义。我们在评价中注重过程就是要帮助学生认识自我、建立自信，发挥评价的教育功能，促进学生在原有水平上提高。切不可将动态的记录变成静态的考核依据。不少地区为了不再以"一考定终身"而增加了考核和考试的次数，并且以一贯成绩好作为学生表现的最佳状态。这样一来，过程评价也就变成了终结评价的组成部分，学生进步的幅度和进步的结果退居次要的地位，而过程评价促进学生发展的作用亦被相应地淡化。因此，过程评价必须立足于鼓励发展，着眼于鼓励进步，要以科学的发展性评价的理念指导过程性评价与终结性评价的统一。

当然，最大的难点还是处理评价方式与选拔方式的关系。在高中课改中，以发展性评价促进学生的发展，是评价改革的指导思想与核心理念。它主张，在评价目标上，促进学生"三维目标"的和谐发展；在评价方式上，关注评价对象发展的动态过程和其呈现成果的过程。同时，关注学生的差异，注重对学生的多元评价。这一切，不仅为学生的主动发展提供了动力，也试图为全面了解学生提供更为充分的资料。因此，这种评价本应转化为选拔的依据。但是，高一级学校的选拔要求评价具有更高的信度、效度和区分度，而现有的发展性评价方式，无论是从评价主体的角度看，还是从对学生发展情况的记录方式上看，都还难以适应这种选拔的要求。所以，选拔仍然主要以一次性考试为依据。而且，现在对这一关系到选拔结果的一次性考试的管理仍在强化中。尽管有些地区明确表示成长记录将在选拔中发挥重要作用，但实验区的同志感到这种操作在实践中难度很大。于是，客观上必然出现两根指挥棒，而且最终还是一根软，一根硬。这会严重干扰课改目标的实现。所以，如何实现评价制度与选拔制度的统一，是摆在我们面前的不容回避的课题。

总之，妥善处理整体性与综合性的关系、过程性与终结性的关系、评价方式与选拔方式的关系，应该是高中课改评价制度建设过程中最值得关注的问题。

（原载《基础教育参考》2007 年第 10 期）

期待着新的攀升

上世纪 80 年代中期，伴随着教育事业的发展，伴随着改革开放以后国外教育理论与实践经验的传播，教育评价逐渐通过高等学校与科研部门的推介，在我国部分中小学兴起，并逐步被教育行政部门倡导和应用。

记得 1986 年，我初当北京市教育局局长的时候，北京教科所梅克同志找到我，给我讲教育评价问题。他讲之前，我只是听说过教育评价这个概念，但听了他的介绍后，我一下子就明白这是一件大事。1987年，北京市召开第一次教育评价工作会议，各区主管教育的区长和教育行政部门的负责人参加了会议，大家也都觉得很新鲜。现在，无论是教育发达的城市地区的学校，还是偏远的乡村学校都在搞评价；评价不仅被应用于教育教学领域，而且也被应用于一般的行政事务管理，甚至工会活动。教育评价已经和教育理论、教育实践一道，成为教育事业发展的重要支柱。

20 多年来，我国的教育评价工作取得了巨大的成绩，教育评价研究也取得了许多重大的成果，为我国教育体制的完善、教育方针的落实、素质教育的推进、课程改革的进行，以及选拔制度的改革，作出了重要的贡献。当前，教育评价在经历了启蒙阶段、普及阶段后，已经开始进入深化阶段。摆在我们面前的重要课题是进一步构建具有中国特色的教育评价体系和制度。

我国古代虽然也有对教育的评价，甚至发明了具有世界影响的科举制度，但与现代学校制度一样，现代意义的教育评价理论开始是由国外导入的。它使我们接受了新的理念，接触了新的工具，掌握了新的方法，产生了新的效益。当然，随之而来，也出现了许多新的问题。

国外教育评价理论具有多元性，所以我国对教育评价概念的界定、功能的理解、指标体系的确定、方式方法的应用，都出自不同的理论源头。这样，既有有利于通过百家争鸣促进发展的一面，又有在实践中难于相对统一的一面，使用者可以凭自己的理解各取所需，往往造成论争性多于认同性。

国外教育评价中较为复杂的教育测量多被用于科学研究和决策参考，在教育管理和教学实践中的应用大多并不复杂。但我国在引入的过程中，常常将复杂的评价指标体系直接用于管理和教学，力求将理性认识全面体现于指标体系中。所以在实践中应用难度大，可操作性差，往往造成概念性多于实用性。

国外教育评价的理论与实践并不主要服务于评比和奖惩活动，但可以拿来作为评比和奖惩的工具，而我国近年来从政府部门到社会团体，从学校管理到班级管理，从教师评级到年终评奖都以评价作为工具。一时间，学校里充斥着上级制订或者自己设计的各种评价方案，日程里排满各种检查评比的项目，以致在有的地区，教育评价不仅没有成为推进教育改革与发展的动力，反而成为校长与教师的沉重负担，往往造成功利性多于合理性。

我国的基础教育正处于转型期，这一时期的任务是实现以规模发展为主向以内涵发展为主的转变，以重点发展为主向以均衡发展为主的转变。在国家、地区、学校等不同层面，在各级各类教育的不同领域，在行政管理、质量监测、学生评价等不同方面，都迫切需要符合我国国情的教育评价科学来引领和支撑。因此，我国的教育评价研究也要相应地实现由以借鉴国外为主，向以立足国内为主的转变。通过对我国教育评价工作历程的回顾与反思，创建适应我国教育事业现代化需求的具有中国特色的有用有效的教育评价科学，这一责任历史地摆在了基础教育评价工作者的面前。

这是严峻的挑战，也是难得的机遇。教育评价研究与实践曾让我们清醒，也曾让我们困惑。我们期待着在新的时期，教育评价工作能够有新的攀升！

（原载《中小学管理》2008 年第 7 期）

"庆祝失败"

2010 年 7 月，我参加了北京中加学校在人民大会堂举行的毕业典礼。各界代表在热情洋溢的贺词中，多半是预祝学生们在未来能够取得成功，而加拿大劳里埃大学 Max Blouw 校长对学生提出的希望却是：你们在未来应当学会"庆祝失败"。这话出乎人们的意料，但仔细听来，却大有深意。

他说：同学们在未来会遭受许多失败，而失败正是前进的界碑、成功的阶梯；你们会从失败中汲取很多营养，积累宝贵的经验和教训，进而走向成熟。所以，同学们要把失败当成一件喜事来庆祝。

我想，他是把人成长的规律看透了。

我们虽然也常说"失败是成功之母"，但实际上并不真正认同这个规律，更不愿把失败看成喜事，看成财富。

先说学生评价。新中国成立初期，我们学习苏联，将学生成绩由过去习惯用的百分制改为 5 记分制。5 记分制很重要的理念就是看发展，而不看平均成绩。如果学生一个学期的历次成绩总体呈不断提高的态势，那么就以提高后的成绩作为依据给其高分，并不计较其曾经有过的失误；如果学生成绩不断下降，那么即使他过去得过高分，也要提醒他退步了。这种重视发展的动态计分办法，无疑比静止的简单的平均分更具有激励作用。最近 20 多年，我们恢复了百分制的计分方法，也就恢复了旧账新账一起算的理念。后来，在学生评价改革进程中，我们采取了多元评价的方法，试图克服单纯以考试成绩评价学生的片面性，但以学生成长记录为载体的评价方式，仍然囿于旧账新账一起算的理念。我们强调学生的一贯表现，甚至以此作为评价和选拔的依据，这看起来似乎无可非议，但仔细想一想，一个没有失败经历的学生，一个只会庆祝成功的学生，一方面是不真实的，一方面也是不扎实的，一帆风顺常常掩盖了其朴素而实在的成长过程。由于我们不欣赏失败和挫折，所以学生也就会掩藏自己的失败与挫折，最终导致难以经受失败与挫折。

再说教师评价。绩效工资是将教师的工作绩效与工资挂钩的分配方式，有助于调动广大教师的积极性，但教师的绩效如何评价却是一个难题。于是，相当一部分地区，制订了教师的评价体系，列出了具体的评价指标，建立了考核记录。因此，教师从一踏进学校大门起，就要以评价指标的要求作为自己行动的准则，而且要以完美地达到要求作为自己的追求。这种导引看似无可非议，但却值得推敲。当过教师的人都明白，一个教师是要在多年与学生一起摸爬滚打的经历中学会做教师的，其中有挫折、有教训，甚至有痛苦、有泪水。但当这些都被以一种功利的指标来衡量的时候，每一个失误都会成为不良的记录，都会影响绩效。于是，这种评价的工具性就掩盖了评价的价值追求，使教师要么谨小慎微，要么弄虚作假。

所以，如何正确地看待失败的问题，实际是如何科学地看待人的发展的问题。当我们真正尊重人，而不是把人当成要驯服的工具时，我们就会把人的发展放在最重要的位置，就会真正尊重人的发展规律，而不仅仅满足于采用便捷的、看似公平而实际未必有利于人成长的管理方式。

评价者的理念常常源于对评价者评价的理念，不许失误，实际只是上级理念的一种传导。我们办让人民满意的教育，能够做到每件事都正确当然好，但这不符合实际，也未给人们留有为成长付出代价的空间，最终人民大概也很难满意。

由此，我想到德国职业教育双元制中关于关键能力培养的理念，其中的一个关键能力，就是排除故障的技能和遭遇挫折后的心理承受能力。他们在教学过程中，没有故障要"设置"故障，没有失败要"创造"失败。他们认为，只有这样，学生才能积累经验，才能具备适应社会环境的能力，才能真正健康地成长。我想，他们才是真正认清了失败的重要意义。

我们常以"只许成功，不许失败"来显示信心和决心，如果我们给失败（特别是孩子们、青年教师们的失败）以更多的宽容，把它看成一件对成长有利而值得庆祝的事，那么我们的教育就会更多地回归本源，减少异化。

（原载《中小学管理》2010年第9期）

PISA 和"一无两有"

最近,PISA2009 评估的结果引起许多人的关注,也引发了许多议论。前几年,OECD 负责教育的官员来中国访问时,曾一再对我强调:PISA 本来是为各国审视教育政策提供参考,并不是为了作国际比较,但实际上,正如我们有些地区反复要求不得用分数排队却很难做到一样,PISA 成绩只要一出来,大家就不自觉地进行排队,而且产生了很大的社会影响。

PISA 确有值得借鉴的地方。它每三年一次,用数学能力、科学能力和阅读理解能力三项考核,对 15 岁的学生按照一定规则抽样进行测试,以此对该国学生的学习能力进行评估。PISA 目标十分明确,时间间隔合理,评估体系明了,测试方式简单,从而取得了比较好的评估实效,得到许多国家教育工作者的认同。

这不由得使我想起当年在普及义务教育之初,我们提出的"一无两有"的目标——校校无危房,班班有教室,人人有课桌椅。那也是非常简单、非常朴素,但又非常具体、切中要害的目标。没有复杂的指标体系,没有烦琐的评估方式,但它看得见、摸得着,正是针对当时最需要解决而又可以解决的问题提出的,目标的实现立即改变了教育的面貌。

当然,这是一种最原始、最初级的评估指标。这些年来,我一直从事教育评价的研究。教育评价是根据一定的教育价值观或教育目标,运用可行的科学手段,通过系统地收集、分析、整理信息资料,对教育活动、教育过程和教育结果进行价值判断,为提高教育质量和教育决策提供依据的过程。因此,指标体系的完整性会直接影响对评价对象的全面认识,评价方式的科学性会直接影响评价结果的真实性。所以,对评价体系和评价方式的研究,成为教育科研部门的重要任务。教育评价是对教育活动现实的或潜在的价值作出判断,以期达到教育价值增值的目的。但由于在实践过程中评价功能的扭曲,这种功能已经逐渐被评比功能所取代，评比成为管理者刺激学校各项工作，刺激教师教学与学生学习的驱动力。于是，评价类别越来越多，指标体系越来越繁杂，评价部门越来越多，评价次数越来越频繁。至今，不少地区已经听评色变，把这种难以说明问题、解决问题的评价看成是一种负担。

其实，现实中的问题是非常具体的。

在一所农村初中，我进入了学生宿舍。一间宿舍 4 张双人床，住 16 个学生。个头已经是 1.6 米、1.7 米 的男孩，也同样是两个人挤在一张床上睡。学校领导告诉我，这在不少地区是普遍现象，没有什么可大惊小怪的。我很难想象这对学生的身心健康会产生什么影响，但我想，无论如何，我们都应当尽快使每个寄宿的孩子都有一张床。

在一所城市小学，我进入了正在上课的教室。一个班的教室里整整坐了 80 多名学生。学校领导告诉我，这样的大班不奇怪，有的中学班额甚至上百。不少地区在大谈提高教育质量，大谈个性化教学的同时，对解决这种影响教育质量、难以推动个性化教学的大班额问题，却没有提上日程。

在一座南方城市，我到了一个郊区的乡镇。镇里中心学校的负责同志告诉我，最近，学生辍学的现象又有反弹，虽然义务教育阶段已经免除了学生的各种费用，但初中的辍学率还保持在两位数。一方面学生由于多种因素厌学，另一方面由于家长并未缴费，所以学生辍学以后并没有愧疚感。因此，"能上学"的问题解决了，但"都上学"的问题并未解决。

……

为了落实《国家中长期教育发展和改革规划纲要（2010—2020 年）》，加强对均衡发展、教育质量、素质教育的监测是十分必要的。因此，我们许多专家正在研究均衡发展、教育质量、素质教育的评价指标体系，目前能见到的指标体系草案都很庞大。不同部门已经依照这种指标体系开展了多种形式的督导和测评实验。但对这样的体系，许多地区、学校和部门的同志，实际上记不住，也说不清，更抓不住重点，不知应当如何努力。我想，用于研究和用于指导实践的评价体系是有区别的。也许我们应当借鉴 PISA 和"一无两有"的思路，在完善教育评价体系的同时，继续提出一些针对实际存在的问题，能够取得实效的目标和评价方式，让大家明明白白、清清爽爽、扎扎实实地为教育办一点实事，这大概才能算得上让人民真正满意。

（原载《中小学管理》2011 年第 2 期）

　　课后，这位老师告诉我们，国家有各年级的教学大纲，有对学生学习水平的原则性要求，但没有具体的课程标准，教学内容完全靠教师发挥自己的创造性来确定。各科教师共同围绕一个一个的主题进行教学，比如：马可波罗主题、河流主题、海洋动物主题等，这样有助于加强学科的综合性，增强学生学习的趣味性，不让学生从小就呆板地学习分科的教材。所以，他们认为，过早地使用固定的教科书反而会给学生的发展增添障碍。

走出皮尔森教育委员会的大门，我告别了那些在为他们教育事业奋斗的朋友。他们向我们描绘了一幅教育图景，这种教育使他们感到自豪，又使他们感到困惑；使我们感到羡慕，又觉得并不理想。他们做到了许多我们想做的事，但又同样没能解决好我们想要解决的问题。我不由得想，这大概就是教育的真谛——永远处在理想和现实的矛盾之中。

伴随着困惑的自豪
——访皮尔森教育委员会

皮尔森教育委员会是加拿大魁北克的一个英语学区的教育领导机构。我在那里会见了这个机构的总裁刘·拉芳斯、副总裁鲍伯和人事部主任玛丽兰。听取了他们的介绍，也探讨了一些共同感兴趣的问题。

该学区共有近 50 所小学，12 所中学，共有 28000 多名学生。学区全年的教育经费为 1.9 亿到 2 亿加币。教育经费来源有这样几部分：第一部分是教育税。按魁北克规定，在征收房产税的同时征收教育税，教育税大约占教育经费总额的 10%，全部用于学校日常运行。第二部分是政府的财政拨款。政府依照学区的学生数进行测算，残疾学生 1 人相当于普通学生 3 人，然后计算出生均经费，再依照生均经费、办公经费的预算进行拨款。第三部分是大型维修经费。联邦政府和省政府各承担一半。

学区教育经费数量可观，但他们仍感拮据。一是工资占的比例太大，约占全部经费的 80% 以上。通常皮尔森学区小学一至三年级班额 21 人，四至六年级班额 23 人，中学班额 30 人，平均每班任课教师 1 人。但由于教师要进修，要请病、事假，所以教师一周的平均课时只能达到 17 节。由于排课困难，只好减少班级，扩大班额，因此也出现了不少超过规定班额的班级。二是某些项目开支很大。由于推行公平教育，学区对弱智儿童、残疾儿童，甚至是高度残疾儿童，都采取主流化教学，随班就读。有的孩子每天需要用呼吸机，就被安排在医疗中心专门设立的教育机构中就读。这样，就需要许多教学辅助人员，学区有十几位残疾儿童，每年照顾他们的辅助人员工资就达四百多万加币。

学区里有两所学校属于贫困学校。贫困学校是这样确定的：依照每 4 年一次人口普查时的家庭平均收入状况，计算出学校贫困家庭学生所占比例，如果比例较大，这所学校就属于贫困学校，贫困学校可以得到政府更多的补助。而较为富裕地区的学校则允许接受家长的捐赠。

政府鼓励家长向学校捐赠，家长向学校捐赠的款项，学校均给开退税证明，家长可以在计算个人收入时扣除。由于当地家长的参与意识很强，学校经常可以得到捐赠。捐赠的形式一般有两种：一种是用捐赠的款项成立基金会，并由家长代表决定用途；另一种是捐给学校，由校方自行支配。

皮尔森学区多年以来，坚持推行教育的公平原则，但学校之间的办学水平仍然参差不齐。现在，学区里办得最好的中学有一所，办得最差的有一所，其他学校水平也有差异。特别是贫困学校，由于好的管理人员和教师不愿到那里去工作，所以水平更低一些。目前，皮尔森学区中学毕业率为85%左右，这种成绩在魁北克已属于一流水平。

于是，我们谈起了择校的话题。既然学校有差异，家长和学生可不可以择校呢？他们激动地说："这也是我们十分头疼的问题，有3所好的中学墙都快挤倒了。"魁北克的教育法规定，任何家长都有权利选择自己孩子想去的学校。每所学校虽有就近的服务范围，但服务范围以外的学生，只要家长坚持，学校又有学位，就必须接受学生入学。如果没有学位，学生可以按申请顺序等待有学位时入学。学区负责人说，家长选择学校的原因，除办学水平外，也有的是根据孩子的特长，比如孩子喜欢音乐、冰球……就会选择有这方面特长的学校。

加拿大实行义务教育，不收学费、书费，学生负担自己用的文具和笔记本的费用。皮尔森学区学生要自带午餐，由老师照看学生用餐，家长要缴午餐管理费，课间加餐学生也要付费。

最后，我问他们："你们现在感到最伤脑筋的是什么问题？"他们异口同声地说："师资。"尽管魁北克的教师工作两年以后，就可以转正成为终身职业，但由于周边地区用高薪吸引优秀人才，教师流失仍很严重。特别是数、理科的教师，经常被高科技企业挖走。现在，他们甚至不得不从欧洲招聘教师。他们感慨地说："没有好的教师，想办好教育太难了！"

走出皮尔森教育委员会的大门，我告别了那些在为他们教育事业奋斗的朋友。他们向我们描绘了一幅教育图景，这种教育使他们感到自豪，又使他们感到困惑；使我们感到羡慕，又觉得并不理想。他们做到了许多我们想做的事，但又同样没能解决好我们想要解决的问题。我不由得想，这大概就是教育的真谛——永远处在理想和现实的矛盾之中。它要求你有追求理想的激情，又要求你有面对现实的冷静与清醒，你不能希冀一夜之间可以解决面临的所有问题，必须要忠实地、一步一个脚印地向高处攀登。我想，这大概就是教育工作者应有的良心、责任和使命。

（原载《北京教育（普教版）》2004 年第 9 期）

墨西哥义务教育一瞥

今年 4 月，为了给修改《义务教育法》提供咨询，我和北京教科院的同志一道去考察墨西哥这个人口大国的义务教育。时间虽短，感触颇多。有几件事情给我留下很深的印象。

我们从墨西哥城出发，乘车数小时，来到边远省份的一所农村简易小学。这所简易小学是墨西哥国家教育促进委员会以社会建构主义理论为基础建设的试点校之一。说是简易小学，其实和我们山村的单人岗位差不多。空旷的校园里只有三间简易的平房，一间是学前班，一间是一、二、三年级，另一间是四、五、六年级。每间教室里不到十个学生，有统一配备的教具，也有一些教师自制的教具。我们和墨西哥教育部的官员探讨，为什么不在边远地区发展寄宿制学校。他们说，过去曾经试验过，通过寄宿制学校普及边远地区义务教育虽然是个很好的想法，但由于建设成本太高，维持费用难以保证；家长经济负担增加，又对孩子离家生活不放心，结果入学率反而降低了。所以，又改为举办简易学校，从而保证了义务教育的落实。

我们进入学前班教室，家长正和孩子一道进行亲子活动。教室里悬挂着墨西哥国旗，有一些必要的统一设计制作的教具，还有一台 IBM 公司赠送的电子学习机。墙上挂着每位孩子的照片和孩子自选的代表自己的动物标记。最使我们吃惊的是，教师指着墙上挂着的孩子发展状况的系列图表和桌上放着的每个孩子的发展档案，向我们侃侃而谈，介绍每个孩子各项基础素质的发展情况。这些图表和档案表是国家教育促进委员会统一设计的，实际上，这才是简易学校实验的精髓。在这样一个条件相对落后的学校，以促进学生发展为目标的教育理念丝毫不落后。这时，我的耳边仿佛又响起曾经和 OECD 官员的谈话，他们认为教育投入和教育质量不一定正相关。我想，我国在边远地区普及义务教育，在关注教育投入的同时，也应当认真借鉴这种经验，更多地关注教育理念。

边远地区缺乏教师，墨西哥就采取动员城市地区的学生到边远地区任教的办法。高中毕业学生经过培训后，到边远地区小学任教，如果教学工作认真，当地群众评价好，工作一年可以得到 15 个月的奖学金，两年就有 30 个月的奖学金，这样他就有钱读大学了。墨西哥教育部的官员谈起这个计划时说，他们的目的不止是用这种方法解决边远地区的师资问题，同时也解决了这部分家境贫困学生的学费问题，更重要的是使这些做过教师的人经受了锻炼，他们在大学会学习得更好。实践证明，这是一种既有利于普及义务教育，又有利于这批教师未来发展的双赢的做法。我想，当前困扰我们的难题之一就是如何解决贫困大学生的学费和生活费用问题，至少墨西哥的经验说明，靠国家和社会提供生活补助，不应当是唯一的，甚至不应当是主要的办法。

墨西哥自上世纪末起，也在不断加大教育改革的力度。教育改革的重点是对教育质量的关注，这点和我国是一样的。但是方向和内容却各有特点。比如，墨西哥原来的课程设置采取综合课程为主，中学设社会科学和自然科学。但实践的结果，他们发现学科学习的质量降低了。于是，这次教育改革的重点之一就是重新分设学科，社会科学又改为历史、地理等，自然科学又改为物理、化学、生物等。通过分设，他们觉得质量有所提高。我想，东西方的教育改革常有相向而行的情况，如果出于不同的背景，是完全可以理解的，但如果是因为缺乏足够的实践依据，则容易使改革的决策陷入盲目。

最后，我想描绘一个令我难忘的场景。那是在参观日月神庙的时候，在烈日下，一群中学生在进行社会实践活动。他们几个人一组，专门寻找外国人用英语交谈。用不算熟练的英语向游客提问，也认真倾听回答，不时传来他们和游客一道发出的爽朗的笑声。有的小组的同学用摄像机把交谈的情况拍摄下来，这大概就是作业。我想，同学们饶有兴趣地用这种方式学习英语和完成作业，一定不会感到负担过重吧！

（原载《北京教育（普教版）》2005 年第 10 期）

首尔格瑞姆幼儿园
——联合国教科文组织国际理解教育示范基地

在韩国朋友的安排下，我参观了首尔的一所私立幼儿园，名字叫做"格瑞姆"。"格瑞姆"是图画的意思，园长说，他们就是要把自己的幼儿园办得像一幅美丽的图画，使孩子们生活在美的意境中。

幼儿园的规模不大，设施也很一般，但半天的参观却给我们留下了很深的印象。园里的走廊上展示着反映韩国和世界其他许多国家风光与民俗的模型，挂着世界许多国家的图片，原来这是联合国教科文组织进行国际理解教育的一个示范基地，当天就有一些学习幼教专业的日本学生在那里实习。

我们走进一间大班教室，简直就像回到中国一样。墙上挂着中国的地图、国徽，挂着各式各样的中国的图片，有万里长城、熊猫、旗袍、中国的饮食，还有北京奥运会的福娃，甚至墙上还挂着孩子们搜集来的中国的衣服、帽子和其他用品的实物。这个班的老师告诉我们，他们正在开展的主题活动就是"了解中国"。这个班的二十多个孩子非常热情地欢迎我们，用中文高声地喊着"你好"。老师请我们和孩子们坐在一起，并且对孩子们说，这是来自中国的客人，大家有什么关于中国的问题，可以向客人们提出来。孩子们纷纷举起了小手，用充满稚气的声音提出了一个又一个问题。"中国的长城到底有多长"，"中国人为什么要穿旗袍""你觉得大熊猫可爱吗"……我们一边回答着他们的问题，一边为孩子们对中国的关心和兴趣而深深地感动着。

我们走进另一个班的教室，墙上挂着有关非洲的各种图片，桌上放着非洲的木雕和泥塑，还有非洲一些国家的织物，各式各样的非洲大象的照片几乎贴满了一面墙。这个班正在开展"了解非洲"的主题教育活动。当我们走进三楼的一间教室时，不用问我们就知道，这个班活动的主题是"了解法国"。凯旋门、凡尔赛宫、巴黎圣母院、枫丹白露……许许多多反映法国风情的图片挂在墙上。在轻轻的马赛曲的音乐声中，孩子们正在分组进行手工操作。他们模仿着教师展示的一幅埃菲尔铁塔的图片，有的在画铁塔，有的用积木搭建铁塔的模型，有的用彩色的细木棍蘸上胶水黏合成铁塔的形状。孩子们兴致勃勃地在参与动手活动的过程中，了解着远在万里之外的那个国家的文化。

在这所小小的幼儿园里，我们看到世界正在装入孩子们的心中，不同的文化正在进入孩子们的脑海。正如园长所说，要让孩子们从小就知道自己不仅是首尔人、韩国人，也是世界人。

国际理解教育是现代教育的重要标志之一。人类的可持续发展，有赖于对环境的尊重，对资源的尊重，更有赖于对他人的尊重，对多元文化的尊重。因此，拓展国际视野，增强包容意识，尊重文化差异，树立人类共同生存、友好相处、共同发展的理念，是现代人应该具有的基本素质。从上个世纪 70 年代联合国教科文组织所倡导的"和平文化"，到本世纪初联合国大会决定开展的"可持续发展教育十年"，都渗透着国际理解教育的理念。而在这所小小的幼儿园里，我们看到这种理念正生动地融入孩子们的教育活动中。

近年来，我国在实施素质教育和推进课程改革的过程中，也重视加强国际理解教育。不少地区和学校创造了许多新鲜的经验，适合中国国情的国际理解教育在探索中逐渐形成了自己的特色。比如，将民族文化教育和国际理解教育紧密结合起来，相互融通，相辅相成；将国际理解教育融入课程中，特别是重视在语文、社会、思想品德等课程中渗透相关的内容，并且编写了国际理解教育的地方教材和校本教材。同时，采取适合不同学生年龄特点的教学方式，由近及远——从家庭到家乡，到祖国，再到世界；由表及里——从环境到活动，再到氛围；由浅入深——从知识到能力，到情感，再到境界……但总体来看，我国的国际理解教育还处于起步阶段。

韩国首尔格瑞姆幼儿园在小天地里做着大文章，他们在培养深刻理念的过程中彰显个性与童趣，在严肃的主题教育中不失生动与活泼，这些都对我们进一步开展国际理解教育提供了启示和借鉴。

（原载《北京教育（普教版）》2006 年第 12 期）

理念需要体制保障

我国的一些学校参加了英国 A-LEVEL 的学习与认证，A-LEVEL 是英国教育评价制度的组成部分。英国的基础教育，注重从学生的实际出发，为每个学生的发展服务，这一理念在包括 A-LEVEL 在内的体制中得到了比较充分的体现。

英国的义务教育共分十一个年级，分四个学习阶段，学生在 5 岁至 16 岁之间。学校设有必修课和选修课，高年级的选修课更多一些。每个学习阶段结束时，无论是必修课还是选修课都有统一的考试。经过考试，得出学生各科的学习成绩和总的学习成绩。四个阶段的考试分别被称为 KS1（对应的是 5 岁至 7 岁的学生）、KS2（对应的是 7 岁至 11 岁的学生）、KS3（对应的是 11 岁至 14 岁的学生）、KS4（对应的是 14 岁至 16 岁的学生）。KS 成绩主要用来与教师、学校的预期成绩相比，以判断教师和学校教学水平的高低。

预期成绩是这样产生的：在学生每个学习阶段开始前，将学生的相关情况，如语言基础、前个学段的成绩、家庭情况等输入一个国家统一设定的软件库中，就得出下一个学习阶段该生的预期成绩，依此又可得出教师和学校每个阶段的预期成绩。在每个学习阶段结束时，用这个阶段的 KS 成绩与预期成绩比较，即可对教师的工作和学校的办学水平进行评价。

这种教学要求和评价方式从实际出发，主要看学生在自身基础上进步的幅度，而对教师和学校的评价也主要看其帮助学生在自己的基础上提高了多少，即着眼于评价学校和教师的教育能力。

因此，我们所到之处，看到每所学校都十分重视对学习基础薄弱或学习有困难的学生进行个别的、有针对性的辅导。一所学校往往设好几间教室，由专门的教师，采用多种方式，对这些学生进行帮助。他们从每个有困难的学生的需要出发，为他设计教学内容和进度，进行职业指导和心理辅导，甚至通过游戏激发他的学习兴趣。

每个学生接受完义务教育，都要通过叫做 GCSE 的考试，这是义务教育阶段结束时的统一考试，由国家的专门机构命题，考试科目包括学校开设的所有课程。学生根据自己的必修科目与选修科目参加相应的考试，这项考试要求学生至少有五科以上的成绩达到 C。GCSE 是评价学生义务教育阶段学习成绩的依据，它不仅是学生进入大学预备班的前提条件，而且即使学生参加工作，用人单位也常用它来作为参考。

通过 GCSE 的学生，可以进入大学预备班学习。进入预备班学习的一般是 16 岁至 18 岁的学生，大学预备班也设在进行义务教育的学校里。预备班共两年。学生根据自己的职业倾向、个人条件和爱好选学课程。第一年选四科，学习结束时四科考试的成绩叫做 AS，学生至少要有三科达到 C 以上方能参加第二年的学习。第二年，学生根据自己的 AS 成绩，可以选择放弃一门成绩不好的学科，只学三科。最后参加统一考试的三科成绩，就是 A-LEVEL 的成绩。

高校招生主要依据 A-LEVEL 的成绩。有些著名的大学还要参考学生的特长和面试的印象，再决定录取与否。

由此可见，学生的整个学习过程就是不断选择的过程，在这个过程中，每个学生的优势都得到发现和展示，这样有助于学生走上适合自己的人生道路。

我们在教育改革中也立足于使每个学生都能从自身的实际出发，生动、活泼、主动地得到发展。但是，我们的课程设置留给学生选择的余地不大，教学要求又不大考虑每个学生的具体情况，考试和评价没有给学生更多的选择空间，这样，学生的发展就只能被局限在设定的框框之内，学生难以各展所长。

英国的教育尽管也存在着这样或那样的问题，但是他们力求使教育理念得到体制的保障，而不至于落空。这一点是很值得我们借鉴的。

（原载《北京教育（普教版）》2007 年第 1 期）

"特许"和"特色"

一天，我们参观了英国伦敦的一所特许学校，这所学校还开设了一些特色学科，这引起了大家浓厚的兴趣。

伦敦特许学校在 Southwark 区，这是伦敦仅有的一所特许学校。这所学校之所以被称为"特许学校"，并不是说它效法了美国的特许制学校，而是因为学校是政府特许建立的。由于当地居民对原有学校的教育质量不满意，多次提出意见，所以政府特许，撤销了原来的学校，在慈善机构的帮助下，建立了这所新的义务教育学校。

这是一所中学，接受的是 11—16 岁的学生。学校也提供 16 岁以后的服务（大学预备班），同样免费。

学校所在地和伦敦的许多地区一样，有来自世界各地的移民，居民文化水平参差不齐，宗教背景也不相同，所以学校呈现出多元化的特点。学校开设的语言课程除英语外，还有法语和西班牙语，由于学生说着 40 多种母语，所以为了照顾不同国籍学生的语言差异，考试时允许学生用自己的母语答卷。

学校的课程依照国家规定设置，如英语、数学、科学、艺术、公民道德等，但同时开设供选修的校本课程，如手工课就有编织、烹调、木工和电工可供选择。这所学校参与了英国的特色学校计划，该校的学科特色是商业课程和计算机应用课程。在英国特色学校促进会

（SSAT）的帮助下，通过汇丰银行的资助，学校为这两个学科建设了良好的教学设施。比如：每个学生在互联网上都有学校提供的信箱，即都有自己存放资料和获得信息的空间。

学校近几年由于进行了学科特色教育，激发了学生的学习兴趣，提高了学生的学习能力，所以教育质量不断提高，通过 GCSE（义务教育阶段的结业考试）的学生越来越多，要求进入这所学校的人也越来越多。学校的服务区不得不逐渐划小，班额也不得不逐渐增大。本来英国各级政府都有关于班额的规定，教师工会也会对班额进行监督（以免增加教师的负担），但这所学校原定学生数是 900 人，现在却达到将近 1200 人，师生比也超过了规定的 1：20。

我们与四位学生进行了交谈。一位叫简，是一个有华裔血统的姑娘，她在十一年级读书，除了学习必修课，还选学了艺术设计和计算机应用两门课程。我们问她为什么要选这两科，她说完全是出于爱好。一位叫玛廷，是一个越南裔的男孩，他选修了计算机应用和商业课程，目的是为了将来就业。还有一位叫韩轲凌，是华裔，父母仍在北京，他曾在北京实验一小读书，说一口北京话，正在学大学预备班的课程，第一年选学数学、化学、生物和社会学，第二年可以减少一门，他觉得数学太难，就放弃了，现在学三门课程。明年通过这三门的 A-LEVEL（大学预备班结业考试）后，就可以升入大学，他将来想当一名药剂师。最后一位小姑娘叫丽拉，上七年级，她拿出了自己的学生手册给我们看，上面有课程表、每日作业的记录、家长和学校之间的联系等，倒是很实用。

我们参观了该校商业课程教室和计算机应用专用教室，设施十分先进。按照要求，这些教室还要对社区开放。

在一节音乐课上，我们看见学生们正在用电子琴进行作曲练习。而在室外遇见两个女生，陪同我们的副校长告诉我们，她们有学习更高难度音乐的要求，所以又为她们两人另外设计了音乐课程。副校长还说，不能通过 GCSE 的学生可以继续学习，学校也可以根据他们的实际情况，为他们单独设计课程。个性化教学在这里得到了真实而又生动的体现。

参观结束时，校长 Chris Bowler 对我们说，"特许"为学校改善了办学条件，"特色"为学校注入了生机与活力，使他们终于摆脱困境，跨入了伦敦先进学校的行列。

其实，"特许"也好，"特色"也好，这所学校使我深深感动的是，他们正在努力探索，将以人为本的理念化作为每个学生发展服务的实实在在的行动。

（原载《中小学管理》2007 年第 3 期）

不用教科书的小学

在澳大利亚西澳洲的佩斯市有一所尼德兰小学，这是一所远近闻名的学校。我们到那里听课时，校长告诉我们，各年级、各学科都没有固定的教科书，我们听了感到很奇怪。校长又补充说，不仅我们学校如此，全西澳洲，甚至澳大利亚的不少小学都是如此。原来我们进入了一个小学不用教科书的国度。

于是，我们走进课堂，看看他们究竟怎样上课。

这是一节高年级的语文课。老师发给学生一篇印好的讲义，内容是关于马可·波罗的故事。同时，发给不同的学生关于这篇课文的不同的学习提纲。学生自己阅读，相互研讨，老师不时地和同学交谈，并且展示一些图片，甚至还给大家看一艘古代航船的模型。同学们饶有兴味地依照老师发给自己的提纲学习，同时提出一些问题，发表一些看法。

课后，这位老师告诉我们，国家有各年级的教学大纲，有对学生学习水平的原则性要求，但没有具体的课程标准，教学内容完全靠教师发挥自己的创造性来确定。各科教师共同围绕一个一个的主题进行教学，比如：马可·波罗主题、河流主题、海洋动物主题等，这样有助于加强学科的综合性，增强学生学习的趣味性，不让学生从小就呆板地学习分科的教材。所以，他们认为，过早地使用固定的教科书反而会给学生的发展增添障碍。

这位老师还告诉我们，同一学习内容，教师针对学生的不同学习水平所布置的学习提纲，在难易程度和侧重点等方面都有所不同。低年级一般分两三个层次，高年级可能分五六个层次，以适应不同学生的需要。这改变了过去"一刀切"的教学要求，可以说是一种体现个性化的现代复式教学方法。

接着，我们又听了一节中年级的数学课，对刚才那位老师介绍的情况有了更多的了解。这节课的一项练习是，教师为 26 个英文字母中的每个字母编一个数字作为钱数，如字母 A 是 1 澳元、字母 K 是 18 澳元等，然后让学生将自己姓名中的每个字母按照给定的钱数折合相加，计算出总钱数，再算一算另外几个同学的姓名折合的总钱数，最后画出一个条形图，对每个同学姓名的价值进行比较。另一项练习是，用几个两位数列出包含四则运算的几组综合算式，学生根据难度分别选做。除了正确地进行运算以外，学生还要根据每个算式表示的数字之间的加减乘除关系，编出一个小故事，练习说话和写作。在这里，我们几乎很难分辨出这节课学生究竟学的是哪个学科。他们就是试图将基础知识和基本能力的培养融合在具有综合性的教学过程中。

听完课，我们会见了校长。校长告诉我们，学校平时没有考试，家庭作业都是阅读、写作之类的，比较灵活，学生的学习主要在学校完成。于是，我们不约而同地问，那怎样检查学生的学习质量呢？

原来，他们对学习质量是很重视的。西澳洲每年都要对三、五、七年级进行统一考试，主要测试学生拼读、阅读、写作和数学水平。统测在每年 8 月分两天进行，主要是笔试。今年，全澳大利亚还要第一次进行统一考试。但是，统测分数只作为分析教学水平和改进教学方法的一个依据，不告诉学生本人，更不许按分数排队。在给每个学生的学习报告中，统测成绩作为综合评估的一项，以图表的方式呈现，学生从中可以知道，平均水平线在哪里，自己处于什么位置。这使每个学生都有在下一个学段努力的方向。

澳大利亚将学校水平分为 8 级，根据每所学校所在地区的经济水平和文化背景确定级别。同一个级别的学校之间可以进行办学水平等方面的比较。国家规定每个级别的学校各年级学生应该达到的成绩的平均线，每所学校可以参考这个平均线确定自己学校追求的目标。比如：尼德兰小学确定的校水平线目标就高于国家规定的平均线。校长根据统一测试成绩的监测图表，对成绩在校平均线以下的学生逐个进行分析，找出原因，研究措施；对成绩低于国家平均线的学生，将其放在特殊的小班里进行特殊的帮助；对学习成绩特别优异的学生进行加强性的教育。

在这所学校，我们看到了许多被我们经常谈论的理念已经成为生动的实践。当然，中澳两国国情不同、条件有别，很难进行具体的比较。但是，我深感，如果讲起理念，尼德兰小学的校长和教师未必有我们讲得深刻，但是他们在实践中所体现出的对理念的理解却无疑比我们深刻得多。我想，我们确实到了将改革的理念融入教学方式这一深刻变革的实践中的时候了。

（原载《中小学管理》2008 年第 5 期）

"不让一个孩子落伍"

在华盛顿樱花盛开的时候，我们访问了美国教育部。教育部大楼的楼门正在装修，所以在门外搭建了一座红色的临时楼门，在这很像校门的临时楼门上，写着一行大字："不让一个孩子落伍"。这句话正是当前美国基础教育的主题。

美国教育部前副部长苏珊是《不让一个孩子落伍法》的主要起草者之一，她陪同我们会见了现任教育部副部长凯瑞博士和部长助理麦斯卡尔博士。大家都是教育界的同行，所以寒暄几句就立刻进入了《不让一个孩子落伍法》的实施情况这一共同关心的话题。

凯瑞说，《不让一个孩子落伍法》于2001年通过，是美国自1965年以来一部极为重要的新的教育法律。美国学校是多元化的，不同种族、不同地区、不同财产状况的人群之间教育水平相差很大。立法的初衷是要求政府、学区和学校切实负起责任，以缩小种族、地区、贫富之间的教育差距。

她说，现在，全美各州都在贯彻《不让一个孩子落伍法》。这一方面说明大家对教育质量很关注，另一方面，也因为这部法律的制定是一项"钓鱼工程"。美国基础教育经费每年约6000亿美元，其中10%由联邦政府负担。联邦政府负担的这600亿美元现在就用来实施这部法律，凡实施的州都可以得到联邦政府的财政支持。虽然各州也要有配套经费，但上述办法仍对各州实施这部法律有很强的吸引力。听了她的话，我深感，实现教育公平的过程，归根结底是在增加教育投入的前提下，合理配置教育资源的过程。

美国并没有统一的国家课程标准，只有国家对教育水平提高状况的评估。各州都要对四年级、八年级和十二年级的学生进行测试，主要科目有数学、阅读、写作、历史、地理、科学。法律要求，所有三至八年级的学生以及高中的学生在数学、科学、阅读等科目上都达到应有的水平，具体的评估标准由各州制定。凯瑞说，这部法律实施6年来，越来越多的学生达到了应有的标准。在写作测试方面，八年级和十二年级学生的水平有较大的提高，数学成绩也有很大的进步，不同种族学生之间的差距正在缩小。与中国的情况相反，美国对高中学生成绩测验的结果表明，农村地区学生的水平高于城市。我们好奇地问起原因，苏珊笑着说：money! 根据美国的调查，贫困程度是影响教育水平的重要因素，而资源支持是改变这种状况的关键环节。从总体上看，在美国，城市的贫民和多种族人群比农村多，农村地区人们的生活水平高于城市。由于学校没有好的生源，且财政对教育的支持力度不够，所以城市地区的教育水平低于农村地区。解决这一问题成为美国落实《不让一个孩子落伍法》的一项重要任务。

在全美90000所学校中，约有3%的学校没有达到规定的标准，教育部门努力帮助这些学校找到存在的问题，研究解决问题的方案。如果一所学校连续 6 年，学生的测试成绩都未达到规定的标准，那么州政府就要研究处理办法，可以令其关闭，可以委托私营机构进行管理，可以换掉所有工作人员，也可以对学校进行整体改造。凯瑞说，过去还很少有这样严格的教育法律呢！

现在，各州都在依照这部法律的精神扩大优质教育资源，努力增加优质学校的数量，并向家长提供更多的教育选择，以形成学校之间的竞争机制。华盛顿已经开始向学生发放教育券，如果学生的成绩没有达到规定的标准，那么学校要负责进行有针对性的无偿的课外辅导。如果学生的成绩仍没有提高，那么家长可以凭教育券为孩子另行选择学校。我们问凯瑞，有那么多好的学校可供家长选择吗？她说，这也是他们目前面临的挑战。如果优质学校的学位不够，那么申请入学的人只能通过抽签决定自己的命运。

"加快教师的专业发展步伐"是《不让一个孩子落伍法》的重要内容。依照法律要求，学校应当严格执行教师的资格标准，以保证教师的质量。教师资格标准主要有三条：一是有大学本科的文凭，二是在某些学科有专长，三是必须取得州颁发的教师资格证书。在这个问题上，大家争论得很激烈。不少人认为，这些标准只强调对教师的背景要求，而忽视教师的实际能力。比如，我们在后来会见美国私立教育协会主席帕特瑞克时，他就明确表示，美国私立学校不执行上述教师资格标准，学校根据需要和教师的能力聘任教师。

会见快结束时，凯瑞送给我们一份难得的礼物——美国国家数学委员会关于提高美国数学教育质量的报告。她说，这是刚刚印出的样本，你们是最先看到它的客人。提高学生的数学成绩是《不让一个孩子落伍法》关注的重点课题，因为数学是各门科学的基础，而美国基础教育阶段，学生的数学水平令人担忧。2004 年，美国总统布什签署行政命令，成立国家数学委员会，研究如何提高美国基础教育阶段学生的数学成绩。这个委员会在对美国数学教学现状进行分析的基础上，向总统和教育行政部门提出了这份重要的报告。报告指出，美国数学教育的内容涵盖面很广，但是深度不够，建议采取一些改进数学教学的策略，如加强分数概念的教学，更好地帮助学生建立函数概念等。

走出美国教育部的大门，在缤纷的樱花雨中，回望红色大门上的那一行字，我不由得感到，公平与质量是全球教育的共同话题，实现保证质量的教育公平，既充满理想，又充满挑战。这是一条始终伴随着希望又始终伴随着困惑的漫长的路。

（原载《中小学管理》2008 年第 6 期）

杂　感

在日本东京明星幼儿园参观，感慨颇深。

那是一所私立幼儿园，设施并不豪华，但供孩子们活动的露天空间很大。一些孩子正在喂饲养的小动物，一些孩子正在侍弄着种在园地里的蔬菜。有一位老师和孩子们一道在沙坑里玩沙子，有的孩子玩完了，在水龙头下洗脚。在大型的游乐器械下，孩子们正高高兴兴地爬上爬下，到处是欢声，到处是喧闹。

快要放学了，孩子们收拾好自己的东西，走进一个大的活动室。我以为是等待回家，进去一看，每个孩子都坐在椅子上，两手放在膝盖上，合上双眼，静静地坐着，整个活动室里没有一点声音。这样两三分钟，然后，孩子们起立走出活动室，上班车回家。

我问园长，孩子们这是在做什么？园长说，在"静思"。她说，每天上午到园后和下午离园前，孩子们都要有一次"静思"。我奇怪地问，这么小的孩子，让他们坐在那里想什么呢？园长说，我们并不要求他们一定要想什么，但时间长了，他们会养成一种每天静思的习惯，各自想一些自己想要想的事。

我本来以为对学前的孩子们来说，主要是发展他们的天性，让他们在游戏中快乐地成长。这一点我在明星幼儿园里看到了。但我却没想到，幼儿教育还有适度收敛，培养孩子静思习惯的一面。仔细一想，这样做的确有道理。

　　诸葛亮在《诫子书》中说："夫君子之行，静以修身，俭以养德。非淡泊无以明志，非宁静无以致远。夫学须静也，才须学也。"又说："淫慢则不能励精，险躁则不能冶性。"一个人的成才，离不开静下心来学习，潜下心来思考，一个人的成功离不开冷静的观察和深入的探究，心浮气躁是做不成大事的。现在，社会上弥漫着一种浮躁之风，许多人无论是决策，还是做事，都缺少一种冷静，缺少一种深思，以致事倍功半，更难于创新。原因固然有多种，但从小没有养成静思的习惯恐怕也是重要的因素。

　　我想，的确不能小看了这所幼儿园每天为孩子们设计的这几分钟，正是每天的这几分钟，在培养着一种气质，培养着一种心理状态，在影响着孩子们的一生。

（原载 2010 年 3 月 16 日《当代家庭教育报》）

黛安·拉维奇的"逆转"

　　美国以市场为导向的教育改革的积极倡导者黛安·拉维奇（Diane Ravitch）在 2010 年 3 月出版了一本新书——《伟大的美国学校系统的死与生：考试与选择是如何腐蚀教育的》。在这本书中，她彻底否定了原来她极力推动的美国教育改革的关键性举措：标准化考试、"不让一个孩子掉队"法案、特许学校、教学责任制等。71 岁的拉维奇说："时不饶人，我不希望在我去世之前未完成自我纠正。"

　　拉维奇是纽约大学的教育历史学家和教育政策分析专家，曾任老布什的教育部长助理。她因主张以自由市场原理改造中小学教育并积极推动美国一系列的教育改革而闻名。但现在她在书中说，被她称为"流行一时的趋势"正在腐蚀公共教育的根基。她认为：标准化考试从检测学习的途径之一变成了目的本身。"不让一个孩子掉队"法案并未让不达标学校的家长和学生享受到相关福利，还导致应试教育，挤压了非考试科目的教学。平均而言，特许学校在提高学生成绩方面并不比普通学校能力更强，且使公立学校生源和资源外流。教学责任制不仅没有提高学业标准，相反，很多州还通过降低标准来掩人耳目。将教师工资与学生考试分数挂钩是"对教师的迫害"。

这本书的出版可以说是一位资深教育专家的学术倒戈宣言，它在美国引起了轩然大波，对教育政策的制定者产生了巨大的冲击。其实，近年来，这种观念的反复甚至导致政策急剧转变的现象并不少见。布什时代制定的"不让一个孩子掉队"法案实施还不到10年，奥巴马最近就提出，将法案中规定的惩罚没有进步的学校，改为奖励取得进步的学校，以助于弥补美国学生与其他国家学生的差距。日本文部科学省提出，全面纠正"宽松式教育"的教育方针，从2011年和2012年分别开始实行新的中小学教学标准的学习指导大纲修正案，时隔40年，又增加了学生的上课时间和学习内容，以阻止学生学力进一步下滑。而新中国成立以来教育改革多次反复，其对教育事业带来的伤害更使我们刻骨铭心。

但像黛安·拉维奇这样，自己颠覆自己曾经积极倡导和推进并在美国以及世界上产生重要影响的教育理念，却很少见。由此也引发了我许多想法。

我敬佩这位学者高度的社会责任感和超人的勇气。她在改革的进程中，不断关注改革方案的实施进展和改革目标的达成，不断通过实践验证，反思改革理念与措施是否背离初衷。终于，当她认为改革的工具理性和价值理性背离的时候，她毅然作出自我否定，宣称改革方向错误。

而我们呢？我们常常这样：只要是自己曾经倡导的，就一定要千方百计证明它是永恒的真理，即使事实证明其错，仍要顽固地坚持，以致人们常说："一实验就成功，一推广就失败。"直至换了新人，才有可能通过新一轮改革来纠正。

由此我更感到教育事业坚持科学发展的重要。教育这个系统确实是由相互关联而又相互制约的诸多因素构成的。有时看起来我们是在针对社会热点问题进行改革，但由于我们对这些问题产生的原因及其相关联的因素缺乏全面的分析，所以只是头疼医头、脚疼医脚，结果是按了葫芦起了瓢，一种倾向掩盖了另一种倾向。一个热点问题缓解的过程，同时成为另一种弊端形成的过程，以致我们的教育政策总是处于不断摇摆和反复之中。

黛安·拉维奇"逆转"后所做的许多判断，虽然可能符合美国的国情，但仔细想来，也不是都有道理，美国也有许多教育专家对此不以为然。其实，改革从来都是新与旧的博弈，对旧的或新的全盘肯定或全盘否定，是许多人在博弈过程中经常采用的手法，而正是这种绝对化的态度，常常中途断送本可以持续下去的改革的生命。改革总是继承和创新的统一，总是一个朝着既定的目标，不断克服发展中的缺点，不断解决前进中的矛盾的过程。因此，不可能一蹴而就。有的人在改革的道路上，一遇问题就刹车，甚至由对旧体制的强烈批判一下子转变为对恢复旧体制的强烈呼唤，这很难说是一种严肃的态度。我们进行任何改革都需要信心、耐心和坚不可摧的决心。显效相对滞后的教育改革尤其如此。

我国教育改革的大潮汹涌澎湃，在未来 10 年的改革征程刚刚起步时，黛安·拉维奇的"逆转"，应该给我们带来许多有益的思考。

（原载《中小学管理》2010 年第 5 期）

机会公平之后

四月的夜晚，在伦敦，一天工作之余，和几位朋友聊天。在座的一位英国女士名叫桑珠尔，是伦敦 Hounslow 区的教师，所以我们的话题很快就转向教育。她担任教师 7 年了，先在新加坡，后在伦敦，都是教授语言，现在任该区的语言辅导教师，主要为约 30 位来自阿拉伯国家、蒙古、东欧的中学生辅导英语，一周要上 25 节课，而且还被分配在区内几所学校同时任教。

她说，英国中学接受 11—18 岁的学生。由于普及了义务教育，所以，基本上没有适龄学生不上学。学生一般上午 9 点开始上课，下午 3 点左右就放学了。我问："英国学生爱学习吗？"她立刻肯定地回答："不！"她说，现在英国已经形成一种风气，好好学习的人，不但得不到伙伴的赞扬，反而会被大家另眼相看。学生的学习成绩分化很厉害，有的好学生可以上剑桥、牛津，有的则成绩很差。她说，起决定作用的因素是家长对孩子的要求。同时，由于实行了免费教育，家庭经济困难学生的校服费和每顿约需两英镑的饭费都可以得到补助，所以有些学生反倒没有了压力，没有感恩之心。桑珠尔说："不少学生不仅不好好学习，而且对教师很不尊重，没有礼貌，不听教导。教师进行管理时，不能碰到学生的身体，否则学生就可以投诉教师实行体罚。"我问："听说英国最近又恢复教师对学生的体罚了？"她说："绝对不可以，现在，学生的人权意识非常强，连家长体罚自己的孩子，都可能被投诉。"她不无感慨地说，原来在新加坡教书，总是埋怨东方的学生学习方法死、创新精神差，现在才感到，还是东方学生好教。

这虽然是一位教师闲谈中的感受，但却给我们提出了一个非常严肃的问题。我们常认为，只要机会公平了，学生们就可以站在同一个起跑线上竞争，就有了自我发展的积极性。英国的实践告诉我们，机会公平之后，还有许多需要解决的问题，否则正如 2000 年达喀尔世界全民教育论坛所指出的那样，那不过是一种"空洞"的胜利。

在牛津大学的语言培训中心，著名教授斯梯温先生以一种无奈的神情对我说："我可以把马领到河边，但我无法保证它们都喝水。"我想，这是对教育功能的一种并不全面的理解。其实，教育的理想追求应当是让每位学生都能在原有基础上得到发展，即充分调动每位学生的学习积极性和主动性。但是，在机会公平之后，这却成为我们首先需要解决的问题。

我们在义务教育阶段实行了免费教育，这是迈向教育公平的重要一步。我们通过对各地区实施义务教育的情况进行验收，促进了义务教育阶段学校办学条件的改善，但人们似乎产生了一种错觉，即全国义务教育已经普及，现在我们可以将对教育的关注拓展到其他领域了。而实际上，我们离真正实施九年义务教育的目标还差得很远，政府应当提供的均等化的基本教育公共服务还远没有落实到位。

在许多地区，学校要达到基本的办学条件标准还需要不懈的努力，教师队伍总体水平的提升也还需要花很大气力。如果这些地区只是陶醉于已经通过"两基"验收的"空洞"的胜利，不扎扎实实地巩固义务教育成果而忙于获取新的政绩，那么，已经取得的成果就会丧失，新的问题就会不断产生，预期的在起点上的公平不过是昙花一现，剩下的不过是难于巩固和没有实效的"普及"。

教育公平是社会公平的重要内容，也是社会公平的重要基础。这是指导社会主义教育现代化建设的重要原则，它贯穿于教育事业持续发展的全过程。我们切不可将这一战略目标概念化，抽掉其在每个发展阶段的充实而丰满的内涵。我们要的是实实在在的全民素质的整体提升和优秀人才的不断涌现。这需要机会公平，但只满足于机会公平是远远不够的。

在广东惠州，一位负责教育工作的同志对我说，有些农村地区在实行免费义务教育后，辍学率反倒有所上升，因为家长和学生都失去了压力。这虽然不是普遍现象，但也是一个信号。它告诉我们，千万不要在九年义务教育已经普及、机会公平已经实现后，就掉以轻心。这不过是一个开端，我们还需同心同德、兢兢业业，为义务教育水平的真正提高，切实惠及全民，做出不懈的努力。

(原载《中小学管理》2010 年第 7 期)

走出国门的第一步
——在国外的第一所中国国际学校

十月的北京，天气已经转凉，但新加坡依然是 30 多度的高温。我借开会的空闲，再次访问了新加坡汉合国际学校，由衷地感到中国教育走出国门的时代已经到来。

汉合国际学校成立于 2006 年 6 月，是中国教育机构在国外投资建立的第一所从事基础教育的全日制学校。学校坐落在新加坡中心地带的一片教育园区内，新加坡多所著名学校都坐落在这一区域。校园里巨木参天，绿草如茵，20余栋具有东南亚风格的教学楼、学生公寓和体育场馆错落有致地掩映在绿树繁花之中。目前，学校已初具规模，成为一所拥有小学、初中、高中和附属幼儿园的国际学校，在校生有300多名，学生来自28个国家和地区。

融合东西文化传统、形成中国国际学校特有的风格，是汉合国际学校办学的鲜明特色，也是它在名校林立的新加坡能够独树一帜的重要原因。

学校的附属幼儿园采用独具特色的"A"—"B"组教学体系。在同一教学主题下，同一班级的中英文课程各占一半，学生被分成A、B组，轮流由来自中国的中文教师和来自欧美国家的英文教师分别用普通话和英语教学。他们在主题教学中注重渗透中国文化元素，使幼儿在语言发展的初期就开始运用中英两种语言进行思维、表达和交流，从小形成开放性、包容性的思维。

小学把学习中文，用中文学习，通过中文了解中国文化、了解现代中国作为循序渐进的教学目标。教师帮助学生掌握正确的汉语发音，同时在听、说、读、写等各方面对学生进行系统的训练。他们经常组织学生在游戏、节庆活动、演讲比赛中使用汉语进行表达和交流。学校在中国成语教学中，努力使学生明白每个成语背后的故事，理解其中蕴涵的哲理。他们还组织学生根据成语编木偶戏，由学生扮演其中的角色。这样，既锻炼了学生的语言能力，又加深了他们对成语的理解，提高了学习兴趣。为了帮助学生自主学习，在设计主题教学时，英文和中文教师共同参与，以使具有不同文化背景的教师对同一主题的理解相互渗透。例如：在"共享地球"（SHARING THE PLANET）这个主题教学中，学到"植物"时，教师除了介绍植物的种类、形态、特征，以及植物与环境、与人类的关系外，还引入中国对植物药用功能的研究成果，如《本草纲目》，以及中国文化中赋予植物的人文意义，如"岁寒三友"、"爱莲说"等。

中学部以培养具有开放性思维的国际型人才为办学目标。他们参照国际文凭组织（IBO）的教育理念和课程标准，开设有"知识理论"、"创造、行动、服务"、"拓展性论文"3门核心课程，以及母语、第二语言、实验科学、数学与计算机科学、艺术与选修等6组学科课程。学生可以根据自己的条件和志趣，在每组课程中选修一门。中学部的中文课程，在全面介绍中国传统文化的基础上，通过阅读中国古典文学、现代文学的代表作，讲授古代汉语、现代汉语的基础知识，帮助学生对中国哲学、文学、历史有较深入的了解。他们还引导学生进行跨文化的比较和探究，帮助学生比较东西方不同文化传统的特点，吸收、借鉴不同类别和形态的世界文化财富。

学校不断加强对学生的品德教育，来自不同国家和地区的任课教师、班主任、学生行为协调员都承担着学生道德教育和日常行为管理的责任。他们既强调纪律约束，又注意细致引导，努力使学生不但学会学习，而且学会生活，学会做人。

汉合国际学校所具有的双语教育和文化融合的教育特色，以及结合东西文化传统的管理模式，有利于培养学生勇于探究、勤于思考、长于交流、敢于冒险、善于反思的精神，有助于培养坚持原则、富于爱心、心胸宽广、全面发展的人才。他们4年来的办学成果，得到了越来越多的家长和社会各界的肯定和赞许。许多来自西方国家的学生家长都表示，他们送孩子来汉合国际学校，就是看中了这里具有的中国传统文化的教育特色和多元文化融合的氛围。汉合国际学校的确给了学生一个跨文化发展的空间。

《国家中长期教育改革和发展规划纲要（2010—2020年）》提出，要"推动我国高水平教育机构海外办学"。汉合国际学校已经迈开走出国门的第一步，这是一个信号，它预示着中国教育国际交流新的一页已经翻开，相信会有更多的学校续写更加辉煌的篇章。

（原载《中小学管理》2010年第12期）

用音乐改变人生
——委内瑞拉"音乐救助体系"的启示

2008 年 12 月中旬，27 岁即已蜚声全球古典乐坛、极富传奇色彩的委内瑞拉指挥家古斯塔夫·杜达梅尔，率领委内瑞拉西蒙·玻利瓦尔青年交响乐团，在北京国家大剧院演出两场，引起极大轰动。这次演出被评为年度最佳古典交响音乐会。

后来大家得知，这位年轻的指挥家曾以他出神入化的指挥技巧和魅力，夺得德国马勒指挥大赛的头奖；由他执棒的西蒙·玻利瓦尔青年交响乐团的声誉甚至盖过了欧美一流名团；而这个乐团年仅 17 岁的低音大提琴手鲁兹现在已成为柏林爱乐乐团最年轻的乐手，中提琴手瓦奎兹连夺八项中提琴国际大赛头奖……令人惊奇的是，这些音乐家原来都曾是街头的不良少年，是委内瑞拉的"音乐救助体系"使他们成长为改写 21 世纪音乐史的古典乐坛的天才。

委内瑞拉音乐家的成就令世人瞩目，于是，各国的音乐家和教育家纷纷去委内瑞拉探寻音乐奇迹背后的奥秘。

最终，人们发现了秘密之所在——一个庞大的分级音乐教育体系正在源源不断地培养出世界一流的音乐人才和交响乐团。这个体系的正式全称是"青少年乐团体系国家基金会"（FESNOJIV），中文常译为"音乐救助体系"。这个体系从 1975 年开始创立，至今已成功运作 37 年。

资料显示，这个体系的创始人是曾任委内瑞拉文化部长、国会议员，既是经济学家也是业余音乐家的何塞·安东尼奥·阿布瑞博士。他最开始的设想是为贫民区的孩子提供免费的乐器和乐团合奏训练，让他们远离街头的毒品和枪战，并能受到音乐的熏陶。第一次排练地点是首都加拉加斯一个废弃的地下车库，只有 11 个孩子参加，但阿布瑞告诉他们：你们正在创造一个历史。

30 多年后，只有 3000 万人口的委内瑞拉拥有 176 个儿童乐团、

216 个青年乐团、400 多个歌舞团和合唱团，接受乐队训练的孩子近 30 万，在体系内工作的音乐教师近万人。委内瑞拉到处都是乐队，乐队就像国旗一样成为该国的象征。

"音乐，可以改变这个世界"在这里已不是一句口号，而是一个正在实践中的理想。委内瑞拉的音乐教育创造了奇迹，这不仅表现在它培养了很多杰出的音乐家，更重要的是，在过去的 30 余年里，它拯救了几十万个生活在贫困边缘的孩子。他们中的许多人都曾流落街头，或与偷窃和毒品为伍，是音乐改变了他们的人生。

这个体系里的音乐教师以及世界上几乎所有的著名音乐家都曾作为义工，走到委内瑞拉各个贫穷的角落，走到少年犯监狱，将乐器免费送到穷孩子们的手中。对于有身心障碍的孩子，他们提供音乐治疗。初学音乐的孩子也能马上加入乐团，在合奏中学习，互相教导。他们相信，每个孩子都有无限的潜能，音乐的目的是让孩子从中感受美好。委内瑞拉政府包下了该体系差不多 90% 的费用，每年投入将近 3000 万美元，这对一个人均年收入不到 3500 美元、3/4 人口还生活在贫困之中的国家来说，是一笔巨大的开支。政府对该体系的投入，是看重音乐教育在贫困社区所产生的积极的推动作用和鼓舞效应。这个项目的另一大投资机构"泛美发展银行"经过仔细测算发现，每投资一美元，就有价值近两美元的社会回报。因为该体系免费地、无区别地为所有儿童和年轻人提供高质量的音乐教育，大大降低了青少年的犯罪率，巩固了家庭和社区关系。

我看过介绍这一项目的电视片，最令我震撼的画面是，在一个盛大的演唱会上，百余名聋哑青年用手语和常人一起参加合唱，那种专注，那种激情，那其中体现出的人的尊严，使我深深感受到了音乐的神圣。

2012 年是北京金帆交响乐团成立 25 周年，这项计划也为音乐以及其他艺术教育的普及与提高发挥了重要的推动作用，并在全国产生了巨大的影响。但在音乐教育方面，我国贫困地区与发达地区之间还存在较大差距，不少地区的领导同志甚至不少学校对音乐的教化作用还缺乏更深刻的认识。

最近，我非常高兴地听到，北京的知名人士邓小岚老师多年在太行山深处的马兰村为孩子们普及音乐教育。她把音乐带进山村，让音符触动孩子们尚未开化的内心。她说："在物质上，我的能力可能有限，但在精神上，我不会让他们觉得自己比别人差，我要让他们自信地生活。"我想，这也是在创造历史，也是在改变人生。

（原载《中小学管理》2012年第3期）

教育公平在古巴

在墨西哥参加联合国教科文组织协会世界联合会执委会会议之后，我们对古巴的教育情况进行了考察。

古巴从幼儿园到大学直到读研究生都实行免费教育，全国没有私立学校。全民免费教育和全民免费医疗支出约占财政支出的五分之一以上。

在古巴，教育公平可说是做到极致。学生接受从小学到高中的义务教育，高中后可以免费上大学或军校，这两者大约占高中毕业生的70%，其余免费上职业技术学校。国家也保送优秀学生进入智利等其他国家大学读本科或者研究生，同样也免费。因为军校学生入学即参军，古巴军人待遇最高，所以优秀高中毕业生都首选军校。国家统一分配大学毕业生就业，学生多愿意进入公务员队伍，但近年来，由于国家机构庞大，人员过多，正在精简机构，所以，大学毕业生就业难的问题日益突出。再加上公务员待遇也不高，而职校毕业的学生掌握了一定技能就业反而容易，服务业从业人员还可以有些额外收入，因此，已有不少高中毕业生愿意进入职校学习。

古巴基础教育阶段学校没有好差之分，免费教育是全方位的，不仅学费全免，而且其他相关费用也几乎都由国家包下来。教材由学校提供，每学年用完收回，交给下一年级同学使用。每个学生一年发十支铅笔、两支油笔、两块橡皮、一个转笔刀、八个笔记本。如果需要其他学习用具，如圆规等，学校也发给学生，学生用毕学校再收回。古巴学校强调使用铅笔（包括考试），以保持卷面整洁。小学基本上实行就近入学，村子里常可以看到只有两间教室进行复式教学的小学校。小学一般是教师包班，每节课的时间并不固定，教学形式以学生活动为主，也有许多社会实践活动。中学相对集中。高等学校每天上午八点上课，每节课一个半小时，上午共三节课，课间休息十分钟，下午两点半上课，四点放学。中小学生家离学校远的，学校提供免费午餐，同时有校车接送。黄色校车多为美国的二手校车。在古巴全国学生的校服都是统一的，长裤、短裤和短裙，小学生是红色的，初中生是浅黄色的，高中生是深黄色的，职校学生是蓝色的，都由政府免费提供。

古巴的教育公平是社会公平最重要的组成部分，从某种角度看，实际上社会公平是古巴教育公平的基础。在古巴全民实行供给制，主要生活必需品，均由国家公平提供。例如，不分男女，不论长幼，每人每月一包米、一桶油、四千克猪肉、十六个鸡蛋、一只鸡（分两次发，每次半只）。其他生活费用按等级发，等级主要根据年龄和工龄划分，与工作表现和业绩无必然联系。最低级别每月三百比索，折合人民币约一百元。哈瓦那大学校长每月工资一千二百比索，折合人民币约四百元。级别较高的可依照家庭人口分配住房，哈瓦那大学对外西班牙语系系主任，相当于大学副校长，家中共六口人，分到一套三室一厅的房屋。古巴全国商店都属国营，只是最近在哈瓦那开办一家商场，里面允许私人摊贩经营。

据古巴官方公布，人民群众的生活满意度几乎是全球最高的。据当地华人介绍，广大群众普遍受教育年限较长，20岁以下青少年几乎都在学校读书，所以很少有在社会上游荡的，同时，学校也重视思想教育，中小学有何塞·马蒂少先队和共青团，高校开设何塞·马蒂思想和马克思主义思想课，青少年总体面貌尚好，社会治安状况也较好。

但是，正如当地朋友对我所说："比较产生痛苦。"随着逐步开放，群众对古巴以外的情况比以前了解得越来越多，从而通过比较，对自身经济落后与生活水平低下的不满日益加深，这正在促使古巴走向改革的道路。我们通过耳闻目睹，也感到当前古巴的发展水平大致相当于我国上世纪六七十年代，至少落后二三十年。

由此，就引起我们对公平与发展关系的思考。社会公平无疑是我们追求的目标，是社会主义的本质特征，也是社会安定和谐的重要条件。但公平不会自然而然地成为发展的动力，如果没有促进发展的良性机制，不仅公平只能是低水平的，而且也无法实现持久的稳定与和谐，古巴的实践再次证明发展才是硬道理。

同样，教育公平是社会公平的基础，但教育公平的推进也必须与经济发展水平相适应，并真正成为推动经济与社会发展的动力，否则，即使采取了许多促进公平的措施，依然难于让人民真正满意。我想，古巴的历史经验应当给我们不少启示。

（原载《中小学管理》2012 年第 5 期）